日本学校グループワーク・トレーニング研究会

［編著］

子どもたちの
人間関係づくりに役立つ

力を合わせる

学校グループワーク・
トレーニング

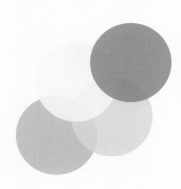

金子書房

はじめに
── この本を手にされたあなたに ──

　日本学校グループワーク・トレーニング（GWT）研究会は，子どもたちが自ら豊かな人間関係を築き，生き生きと生活することの援助促進をめざして，1987年に始まりました。それまでは成人を対象とした実習プログラムしかありませんでした。そこで日本学校グループワーク・トレーニング（GWT）研究会は学校現場で活用できるように，実習実施からその実習で起こったことをふりかえり，一般化につなげるまでを一単位時間（45〜50分間）内で収まるさまざまな実習プログラムを開発しました。32年にわたる活動・研究の中で，300近い実習を開発し，70近くを紹介してきました。（『学校グループワーク・トレーニング』，『協力すれば何かが変わる〜続学校GWT』，『学校グループワーク・トレーニング3』，『学校グループワーク・トレーニング4』共に，遊戯社，図書文化社から発刊）

　この長年の実績に基づき，本書では，「力を合わせる学校グループワーク・トレーニング（GWT）」に特化して，新財19財を紹介します（わたしたちの研究会では，「実習」，「アクティビティ」のことを，「子どもたちに提供するために開発した大切な財産」という意味で「財」とよんでいます）。

　本書では，単なるマニュアルを紹介するのではなく，わたしたちが何を大切にして32年間も研究会を続けてきたのかをお伝えします。わたしたちは学校GWTを実施することで，子どもたち一人ひとりが変容し，その変容する子どもたちの集団が変容して，確実に子どもたちの役に立っているという実感をもっています。そこには，ラボラトリー方式体験学習のさまざまな理論があり，意図をもって実施していますが，それだけではなく，研究会会員一人ひとりの心持ちや在りようがあるのです。

　正解はありません。というよりは，100人の実施者，100の集団があれば，100通りの実施方法があると考えます。できるだけ多くの会員の実感を伴った生の言葉で進めていこうとする試みです。

　本書は，2部構成になっています。
　第1部では，学校GWTで大切にしている考え方を紹介しています。子どもをどう観ているのか，財体験での気づきを日常に生かしていけるために何を心がけ，子どもたちに働きかけていくのか，そのために実施者にどのようなスキルが必要か，など。財をつくるとき，実施するときによりどころとしているラボラトリー方式体験学習のいくつかの理論も紹介します。
　第2部では，19の新財を紹介しています。進め方にプラスして，今まで言葉にしきれなかった進めるときのポイント（実施中にどのような関わり方をするのか，ふりかえりのときの声かけ

や働きかけ，まとめでどのような言葉をかけて日常化のきっかけをつくっていくのか，など）を一つ一つの財に関して，ていねいに解説します。

　会員それぞれが実感している学校 GWT の有効性や，どのようなことを大切に実施しているのか，といったことをそれぞれの言葉でつづっています。

　最後に，本書の出版，企画及び編集作業にご尽力いただいた金子書房の編集部長井上誠さんと木澤英紀さんに心から感謝の意を表します。

2019 年 11 月　日本学校 GWT 研究会　会員一同

もくじ

第**1**部

学校グループワーク・トレーニングを支えている理論

　子どもたちは，その個人差はあっても，毎日よりよく過ごしたいと願っているものです。

　元気よく過ごしたいな，○○ちゃんと話したいな，○○の続きをやりたいな，算数の○○が楽しみだな，今日の給食は何だろうな，今日こそ○○できるようになりたいな，などなど。子どもといわず，人は本来その日その日を楽しみに生きるものではないでしょうか。

　その根底には，自分で決めて自分で行動する，という自己決定，自己決断，そして，実行・実践する，本能に近い願いがあると考えます。

　もう一つ，人と関わりたいという願いもあると思います。誰かと関わることで，自分の存在を確かめていると思います。ただ自分のやりたいことをやるのではなく，そのことを認めてくれる，喜んでくれる，やったことが誰かの役に立つ，そして，一緒にやってくれる誰かがいると，さらに，達成感，充実感を感じ，「よりよく」過ごせた，次もがんばろう，楽しもうと思えるのです。そのことが積み重なると，自分に自信がもてたり，多少の失敗をしてもなんとかなると思えたりするのではないでしょうか。

　そんな子どもたちをファシリテート（援助促進）するのが本書です。

学校 GWT のねらい

　グループワーク・トレーニング（GWT）は，あくまで「トレーニング」です。つまり，ねらい達成のための一手段にすぎません。もともと「集団に積極的に参画し，責任を分担して物事に取り組もうとする考え（パティシペーターシップ）を育てること」がねらいです。GWT は，故・坂野公信氏ら 5 人によって，JICE 所長であった故・柳原光氏の助言のもと，つくられました[*1]。その研修を受けた仲間が，その有効性を実感し，子どもたちの主体的な成長のために活用したいと，学校の一単位時間（45 〜 50 分）に収まる財（実習）開発から，始まったのです。

　学校 GWT のねらいは，学校教育で育てたい，「望ましい集団活動を通して，心身の調和の取れた発達と個性の伸長を図り，集団の一員としてよりよい生活や人間関係を築こうとする自主的，実践的な態度を育てるとともに，自己の生き方について考えを深め，自己を生かす能力を養う（学習指導要領・特別活動の目標）」に合致しています。

　学校 GWT は，個の成長とともに，グループ（学級）の成長をめざしています。そして，それ

[*1]　（財）日本レクリエーション協会（1995）．新グループワーク・トレーニング（p.1）　遊戯社

は全ての日常生活に生かされることがねらいです。

　わたしたちは，学校 GWT がうまくこなせることをめざしているのではありません。その先の子ども一人ひとりの生活を，自らの力でより豊かな生活に変換できることをめざしています。日常は様々なサイズ（3 人～），種類（学級や学校，家族，習い事など）のグループワークでできているといえます。どのような集団でも，その子がその子らしく居られること，そして，その子がその子らしくあるために所属する集団がその影響を受けて豊かな関係性が育まれる集団であること，を願っています。

自ら気づき，自ら行動変容する

　「百聞は一見に如かず」という言葉がありますが，「百聞は一体験に如かず」と思うのです。子どもたちにとって，自分のしたこと，言ったことへの反応ほど，自分の行動を変えるきっかけになるものはありません。その反応が強烈なものであろうと，ちょっと怪訝な顔をされた，ちょっとほほ笑んでくれた，といった些細な反応であろうと，それによって，「もう一度やってみよう」，「もっと頑張ってみよう」，「二度とやらないことにしよう」などと次の自分の行動を，決意するのです。GWT では，説得したり，押しつけたり，駆け引きしたりして，子どもの変容を促すのではなく，子どもたちが自ら気づき，何らかの行動変容をしようというように考えるきっかけの場をつくろうとする試みです。

　まずは，「グループワーク（GW）は楽しい」という体験を提供します。1 人より 2 人，3 人と何人かで活動をすると，何かが起こるのです。わくわく感，ドキドキ感，ときには意見がぶつかることもあるかもしれません。それを乗り越えて味わう達成感，一体感，貢献感など，様々な気持ちを体験します。

　楽しかったことを体験し，そのことを言語化して，実感します。そうすると，「またやってみてもいいかなぁ」，「今度は○○してみよう」，「この時間が終わったら，ちょっと話してみよう」といった，ちょっとしたその子なりの次の新しい行動への後押しになるのです。人と関わること，人と一緒に何かに取り組むことのよさ（豊かさ）を体験するのです。

　次に，一緒に活動した仲間に焦点を当てます。一人ひとりのその人らしさが発揮されるからこそ，活動がより豊かであることに光を当てます。普段では気づけなかった，新しい仲間の魅力に気づくことがあるかもしれません。自分と似ているところを発見して，心の距離が近づくかもしれません。逆に，今までだったらしないようなこと，言わないようなことを，したり言ったりするかもしれません。それによって，何かが起こるかもしれないのです。気づいたことは，しっかり言語化して，同じ活動をした仲間どうしで伝え合います。言語化し伝え合うことによって，同じ行動や言動でも，仲間によっては捉え方，感じ方が違うことが発見できるかもしれません。

　そうして，仲間（他者）からのフィードバックによって，自分について発見するのです。意識

図1　学校 GWT での気づきの順番

してやったことや言ったこともあるでしょうし，無意識だったこともあるでしょう。何はともあれ，共に活動した仲間が違えば，違うことが起こるでしょう。しかし，一期一会，自分を含め，誰もが大事な存在であることに変わりありません。

　共に活動することで起こる様々な体験が一人ひとりを豊かにし，豊かになった一人ひとりがまた集団を豊かにするのです。どちらが先かは「卵が先か鶏が先か」といったことと同じです。「個」が先なのか「集団」が先なのか，「関係性」が先なのか「活動」が先なのか…。全てが両輪なのです。車の4つの車輪のように，どれが欠けても，どれが大きすぎても歪みが生まれます。でこぼこ道を四輪駆動車のように，4つの車輪がバランスを取りながら，時には下り坂を，時には険しい上り坂を，気持ちのいい海辺を進んでいくのです（図1）。

「人が学ぶ」しくみ

　人は体験（経験）から多くのこと学びます。何か行動を起こすと，その行動が適していたかどうか反応（フィードバック）が返ってきます。人は，返ってきた反応が自分にとって「快」であれば，そこから，次もそうなるように，あるいはもっと「快」を得られるように工夫します。逆に返ってきた反応が自分にとって「不快」であれば，そうならないように，あるいはそうなりそうになったら回避するようにします。そのことを繰り返して，いろいろなことを学ぶのです。しかも，多くのことは無意識に行われます。そうして，人は歩けるようになったり，言葉を話すようになったり，文字を書けるようになったり，人とコミュニケーションをとるようになったりしていくのです。

　このことを人間関係づくりに関して，意識化するように学校 GWT では考えています。GWTの理論と方法は，行動科学に基礎をおくラボラトリー・トレーニングの学習理論をベースにしています[2]。Do（体験）→ Look（指摘）→ Think（分析）→ Grow（仮説化）→ Do'または

---

[2]　横浜市学校 GWT 研究会（2007）．補訂 学校グループワーク・トレーニング（p.112）　遊戯社

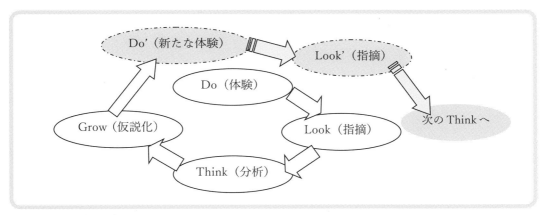

図 2　学習の循環過程

Challenge（新たな体験）→ Look'（指摘）→…という学習の循環過程[*3] です（図2）。

　前述したように，この学習の循環過程は，無意識に人の中で起こっています。この循環過程を意識化するために，様々な手だてや工夫を財実施の中で行っています。意識化するというのは，学習の循環過程の矢印を濃くしたり，それぞれの丸枠を太くしたりするイメージです。

Do（体験）を援助する

　財自体，どうしても解きたくなるもの（課題達成）を扱っています。子どもたちが夢中になってしまうくらい魅力的かどうか，何度も試行錯誤しながら，練り上げた財です。

　しかし，課題達成がねらいではありません。課題達成に至るまでの過程（プロセス）で様々な葛藤が起こることがねらいです。様々な葛藤とは，一人ひとりの中で起こる葛藤，個と個の間で起こる葛藤，あるいはグループ（集団）内で起こる葛藤を指します。この葛藤が起こるために，関わりを活発にする約束やルール（一人1回ははさみをつかいましょう／情報は言葉で伝えましょうなど）が財にはあります。課題達成のために，一人で道具を独占することができません。また，情報カードを見せずに情報を伝えるため，どうしても声を出さなければなりません。関わりが活発になることで，心の中にいろいろな葛藤が起こるのです。

Look（指摘），Think（分析）を援助する

　ふりかえりやわかちあいの時間が設定されています。自分の中で何が起こっていたか，グループに何が起こっていたかをふりかえり（Look：指摘），なぜそのようなことが起こったか

[*3]　津村俊充・山口真人（編）（2006）．人間関係トレーニング　第2版（pp.1-4）　ナカニシヤ出版

（Think：分析）を行います。ふりかえりでは，〈ふりかえりシート〉があり，ふりかえる視点が項目として挙げられています。その項目を手がかりに，子どもたちは財実施中の自分やグループを思い出し，記入していきます。ここで大切なのは，自分の中で起こっていたことに良し悪し（評価）はないということです。人は自分の行動をふりかえるとき，どうしてもできなかったことに目が向きやすいものです。そして，それを自己否定につなげて考えがちです。学校GWTでは，できなかったことよりも，できたことに目を向けるように項目を工夫しています。例えば，尺度も「十分協力できた　4・3・2・1　協力できた」と「0　協力できなかった」はありません。「グループと共にいた」ということが「協力」のスタートラインなのです。自分に何が起こっていたか，グループに何が起こっていたかという事柄に関して，始めは課題達成にばかりに目が向き，なかなかその具体的な事柄に目が向きません。ふりかえり項目を工夫することで，子どもたちは徐々に具体的な事柄に目が向くようになっていきます。このことは，また，あとで詳しく述べるのでそちらをご覧ください。

　個々にふりかえった後，グループでその気づきをわかちあう時間が設定されています。個々の気づきを場に言葉（音声）として出すことで，自分を受けとめてもらえます。他者の気づきを聞くことで「いろいろな人がいる」ことに気づいたり，「そういう考え方もあるのか」と自分の視野を広げたり深めたりするきっかけとなります。

　また，十分にわかちあう時間が取れない場合は，学級通信などで子どもたちに伝える援助が考えられます。この際には，グループ外の子どもたちにも伝えることになるので，場合によっては，配慮が必要になります。

Grow（仮説化）を援助する

　「Grow（仮説化）」とは，ここ（GWT実施の時間）での気づきを日常生活（ここ以外の時間）で子どもたち自身が生かして行動できるようになるためのきっかけ作りのことです。財マニュアルの中では，「まとめ」の時間が設定されています。

　子どもたちは，財実施の中で，具体的な行動，言葉かけ，場面でいろいろなことに気づきます。しかし，その気づきのままでは活用できないこともあります。そこで，教師が「ねらいに即してまとめる」ことで，仮説化（概念化）することを援助します。「今日，みんなが気づいた協力するって…」，「これから協力するときに大切なことは…」といった具合です。

　あるいは，〈ふりかえり用紙〉に仮説化を促す項目を入れることも考えられます。「次にもう一度するとしたら…」，「明日からの生活に役立つことは…」といった項目です。これをまとめの時間に子どもが発表したり，そこだけ別のカードに書いて掲示したりしてもよいでしょう。このサイクルの経験を重ねると，「協力するときに大切にしたいこと」とテーマを与え，子どもたち自身にまとめさせると，より説得力があり子どもたちの実感が増すと考えます。なぜなら，自分自

身の言葉の方が「自ら気づいて行動変容」しやすいと考えるからです。

Do'または Challenge（新たな体験）を援助する

気づきを仮説化したその後，絵に描いた餅にならないために，どんな援助ができるでしょうか。

それは，試みる「場（時間と空間）」を設定することです。また，設定しただけでは，なかなか実行することはできません。「場」を設定したら，子どもが意識できる声かけをさりげなくすることです。そのときのポイントとしては，できていなかったことではなく「できていたこと」を見つけ，伝えることです。「○○ちゃん，□□君に順番をゆずってたね」，「○○さんが一人でいることに気づいて声をかけてたね」といった感じです。「無意識に行動していたことに気づく」，このことが「自ら気づいて行動変容」することの効果的な援助です。もしそこで「うん，だってこないだやったことを思い出したんだもん」というような言葉が子どもから返ってきたら，それこそ抱きしめたいくらいにうれしいことではありませんか。子どもの行動変容に気づくアンテナを教師が高くしていれば，わざわざ試みる「場」を設定しなくてもよいかもしれません。また，子どもたちどうしが互いのできたことに気づき，伝え合う場をつくることも考えられます。例えば，帰りの会やそうじのふりかえり場面などで，「がんばったこと」，「今日特にきれいになったところ」など，ふりかえり項目を工夫することができます。

日常的に子どものペースで思い出せるように，気づきや次の目標を掲示するなど，工夫することも一つの手だてです。

学校 GWT は，財実施も大切ですが，実施した後が最も大切であり，重きを置いているということが伝わったでしょうか。しかし，残念ながら，このことに関してのマニュアルはありません。なぜなら，子どもも学級も教師も，一つとして全く同じではないからです。この学習理論を理解し，子どもの行動変容に気づくアンテナを高くし，自分の学級に合った工夫をしてください。

言語化することで意識する

子どもたちは，財体験をして，「楽しかった」，「おもしろかった」という一声を発します。この言葉で時間を終わってしまっただけでは，休み時間が終わったときと何の変わりもありません。何がどのように楽しかったのでしょう。どのようなことが「楽しかった」と言わせたのでしょうか。そのことに目を向けることが次の行動への後押しとなります。やったこと（目に見えることや聞いた言葉など，ビデオカメラに記録されること）は，誰にとっても同じです。一言で済ませてしまえば同じですが，その内容は一人ひとり違うのです。その違いにこそ多様性があり，それぞれの「その人らしさ」の発見へとつながるのです。

「子どもの学び」を促進するために

「子どもの学び」とは，「子ども自らが（自分のことに）気づき，行動変容していくこと」を指しています。「子どもの学び」を促進するためにふりかえりの時間を必ず設定します。ふりかえりの時間では，活動した時間を思い出し，一人ひとりが自分の中で起こったこと（気づき，感情，気持ち，思考など）を見つめる時間と，一緒に活動したグループのメンバーとわかちあう時間で構成されています。一緒に活動したグループのメンバーと気づきをわかちあうことで，同じ時間を過ごしても人によって感じ方，考え，気づきが多様であることを知ります。全く同じでなくても似た感じ方や考えのメンバーがいたり，自分の感じ方や考えとは違っていたり，思いもよらなかった気づきをしたメンバーがいたりします。多様性と出会うことによって，自分の気づきが広がったり深まったりします。自分の中に起こっていたことを見つめるために，〈ふりかえりシート〉を使って，記入する時間を取ります。〈ふりかえりシート〉を記入しているときは，一人の時間が保障されます。活動中は何気なく過ごしていたことに意識を向ける時間です。意外と憶えていたり，はっと気づいたり，逆にぜんぜん思い出せない自分に気づいたりします。子どもたちが自分の気づきを広げたり深めたりするために，質問項目があります。その項目をヒントに，子どもたちは活動を思い出し，メンバーのことや自分のことをふりかえるのです。できるだけ具体的に気づけると，その子らしさが見えてきます。

自分のことを見つめ，気づく（ふりかえる）ことも体験の積み重ねです。普段は無意識の中で学びのサイクル（『人が学ぶしくみ』参照）を回し，次の行動をどうするか決めて行動しています。無意識でやっていることに意識を向けることが大切です。

子どもたちのGWTの経験が浅いときには，まず簡単な視点を与えるだけの〈ふりかえりシート①〉を使います。財を実施するねらいに関する気づきを促すことが目的です。自分が感じたことに目を向けます。あるいは，「最初に話し出した人は誰ですか」，「アイデアを出した人は誰ですか」，「意見をまとめようとした人は誰ですか」など，メンバーの役割に目を向けた質問項目のある他の〈ふりかえりシート〉を使います。

子どもたちの気づきの特徴が，項目4「今の話し合いの中で，うれしかったことにどんなことがありましたか」の記述に見られます。ふりかえることの経験が浅い時期，多くの子どもたちは，「自分の意見をちゃんと聞いてくれた」，「みんな意見を言っていた」，「いろんな意見が出た」，「たくさんがんばっていた」など，「ちゃんと」，「みんな」，「いろんな」，「たくさん」，「がんばっていた」といったようにあいまいに表現します。これは今まで無意識に何となく活動していた証拠です。しかし，中には「Aさんが…」，「目を見てありがとうと言ってくれてうれしかった」など，具体的なエピソードを添えて気づきを書く子どもがいます。グループ，あるいはクラス全体でわかちあうことによって，その視点に気づく子どもが出てきます。

そこで慣れてきたら，項目4の問いかけに，「今の話し合いの中で，うれしかったことにどん

なことがありましたか。（誰のどんな言葉や行動？　具体的に書いてください。）」という言葉を加えた〈ふりかえりシート②〉を使います。抽象的な気づきが具体的な場面と子どもの中でつながると，子どもたちの気づきに広がりと深まりが生まれます。

　財実施中に，前回の気づきが思い出されることもあるでしょう。そうすると，そのようなことをしている仲間に目が向いたり，「（そういうことを）自分がやってみよう」と試みたり，行動に変化が起こるきっかけになります。自分が気づいて，自分の行動を変えてみようと思うのです。その試みが成功する（仲間に認められたり，課題達成につながったり，思った結果をもたらす）こともあれば，失敗する（何の影響も与えなかったり，課題達成につながらなかったりする）こともあるでしょう。しかし，その体験からまた気づきが生まれ，次の行動につながっていくと考えます。最終的に，フリーな項目がある〈ふりかえりシート③〉に，自分の気づきが書けるようになるのです。

「ファシリテーション」という関わり方

　そもそも「ファシリテーション」とは，スキルではなく「在り様」です。たくさんある，人と人との関わり方の一つです。学校GWTでのファシリテーションの目標は，「自立」に向けて援助促進すること，です。「自立」とは，「対象となるもの（個人，人対人，チーム，組織）が直面している様々な障碍（心理的物理的）に，自ら気づき，自ら取り除き，目標が達成できること」と捉えています。それをファシリテーションという関わり方で，働きかけたいと考えているのです（図3)[4]。

　教師は，学校生活の中で，時と場に応じて，子どもたちに様々な関わり方をしています。何が良い悪いでもなく，どれが正解で間違いかでもありません。大切なのは，臨機応変に，意図的に，自分の関わり方を使い分けられることです。学校GWTの実施時に関していえば，「ファシリテーション」という関わり方に徹してほしいと思うのです。

　「関係をつくる」主体は，子どもです。「関係をつくる」とは，自分がいかなる人間なのか，相手がいかなる人間なのかということを知り合う（相互理解・相互受容）ことです。「良い悪い」ではなく，

図3　ファシリテーションという関わり方

*4　星野欣生（2013）．実践 人間関係づくりファシリテーション（pp.2-3）金子書房

自分と相手は違う，ということを知ることです。違う存在としての自分，他者を大切にする，そして，その違いを生かし合っていくことが，「関係をつくる」ということではないでしょうか。

　そんな「関係づくり」の場づくりをすることを「ファシリテーション」と考えています。学校GWTを実施すること自体も「関係づくり」の場づくりです。物理的な場づくりは，この本を読み進んでいくと理解できると思います。ここでは心理的な場づくりについて伝えたいと思います。

　一言で言えば，「心理的安心・安全の場」です。何を言っても（しても），受けてもらえるという「安心・安全」を感じる雰囲気をつくることです。学級の中で，学級担任ほど大きな影響を発揮する存在はありません。

　学校GWTを実施中，子どもたちの中に，必ず，何かしらの感情が起きます。ポジティブな感情もあれば，ネガティブな感情もあります。感情に良い悪いはありません。起きた感情を表出した（あるいは表出しなかった）ときに，相手やグループの中で何かが起きるのです。例えば，ネガティブな感情が表に現れて，グループの誰かと言い争いになり，課題達成に向けた活動がうまくいかなくなる場面が想像しやすいでしょうか。そんなとき，どうしますか。「教」傾向が強い場合，グループに入り，状況を問いただし，善悪を判断し，活動に戻るよう言い渡すことをするのではないでしょうか。きっと見立ては正しいでしょう。言われることももっともです。しかし，子どもたちの気持ちはどうでしょうか。すっきり気持ちを切り替えて活動に取り組むと思いますか。無理でしょう。心にわだかまりが残ります。割り切れない感情を引きずり，すっかり参加することをやめてしまうかもしれません。

　では，「育」傾向を強くし，「ファシリテーション」という関わり方をするとしたら，どうしたらいいでしょうか。正解は一つではないし，マニュアルも存在しないことは確かです。まずは，「ああ，起こっちゃったのね」，「何かうまくいかないことが起こったのね」と受容することです。子どもたちは目の前で起こっていることで心はいっぱいです。心を広く構えて，ちょっと一息つけるような関わり方を考えましょう。目に見える起こったこと（言動の内容や行為）だけでなく，心の中に起こっていることに目を向け，言葉で表現できるように問いかけることが有効です。「すごく怒っているの？」，「心が傷ついたことがあったの？」などと問いかけ，傾聴の姿勢をもって働きかけましょう。当人たちだけでなく，グループの他のメンバーに問いかけるのも大切です。「何が○○さんを悲しい気持ちにさせたのかなあ」，「こうなってしまうまでに何か気づいたことはある？」，そして，残っている時間を知らせ，その時間をどう使いたいか，自分たちで決められるように言葉をかけることもしましょう。受容とコミュニケーション（傾聴）は，ファシリテーションという関わり方をするために必要なスキルです。そして，その状況を観る（観察）スキルも必要です。子どもたち一人ひとりがどのような表情をしているか，そこから問いかけの言葉を見つけ，働きかけていきます。常に，相手（子ども）中心であること，個を尊重する（非操作である）こと，あるがままを受け止める（非評価である）こと，共にあること，もファシリテーションという在り様に必要な要素です。

ふりかえりシート ①

年　　月　　日　グループ名：　　　　　　　　　名前：

今のグループでの活動を思い出し，一人で考えて書きましょう。

1.　あなたは，すすんで考えを言えましたか。

　　　すすんで言えた　　4　・　3　・　2　・　1　　言えなかった

2.　友だちの考えを，すすんできけましたか。

　　　すすんできけた　　4　・　3　・　2　・　1　　きけなかった

3.　みんなは，あなたの考えをきいてくれましたか。

　　　きいてくれた　　4　・　3　・　2　・　1　　きいてくれなかった

4.　今の話し合いの中で，うれしかったことにどんなことがありましたか。

5.　そのほかに，思ったこと，気づいたこと，感じたことがあったら，
　　書いてください。

ふりかえりシート ②

年　　月　　日　グループ名：　　　　　　　　　　名前：

今のグループでの活動を思い出し，一人で考えて書きましょう。

1.　あなたは，すすんで考えを言えましたか。

　　　すすんで言えた　　4　・　3　・　2　・　1　　言えなかった

2.　友だちの考えを，すすんできけましたか。

　　　すすんできけた　　4　・　3　・　2　・　1　　きけなかった

3.　みんなは，あなたの考えをきいてくれましたか。

　　　きいてくれた　　　4　・　3　・　2　・　1　　きいてくれなかった

4.　今の話し合いの中で，うれしかったことにどんなことがありましたか。

　　　　　　　　　　　（誰のどんな言葉や行動？　具体的に書いてください。）

5.　そのほかに，思ったこと，気づいたこと，感じたことがあったら，
　　書いてください。

ふりかえりシート③

年　　月　　日　グループ名：　　　　　　　　名前：

今のグループでの活動を思い出し，一人で考えて書きましょう。

1. 「○○○○○○○」をする中で，誰のどんな言葉や行動がグループの協
   力の助けになりましたか。
   メンバー全員の名前を書きましょう。そして，それぞれのメンバーが，
   話したことやしたことを書きましょう。

　　　　　　誰　　　：　話したことやしたこと

　　自　分　　　：

　　　　　さん　：

　　　　　さん　：

　　　　　さん　：

2. そのほかに，思ったこと，気づいたこと，感じたことがあったら，
   書いてください。

行事と関連させて，学校 GWT 財を行った実践報告

「上郷・自然観察の森での応援サポーターズをつくろう！」

行　事	第 4 学年　1 泊 2 日の宿泊体験学習
実施した学校 GWT 財	力を合わせることを素材とした GWT 財 「ガオー　おもしろかいじゅうをつくろう」 ※『学校グループワーク・トレーニング 4』（図書文化社より）
日時・場所	6 月下旬の土曜参観日（45 分間）　教室
学年・組	4 年 1 組（37 人） 宿泊体験学習での活動班　6 ～ 7 人 × 6 グループ
指導のねらい	みんなで取り組むから，「おもしろい」．「楽しい」ということや，場面に応じた「協力」の姿があることを具体的に気づけるようにする。

実践の意図

　本時は，宿泊体験学習に向けた取り組みの一つとして実施した。「自然観察の森」を歩く自分たちの活動を応援してくれるサポーターを「かいじゅう」として位置づけたそのかいじゅうを「活動班メンバーで協力してつくろう」と設定し，子どもたちに投げかけた。

　ねらいとしては，子どもたちには，自分を班メンバーで課題（「力を合わせる GWT 財」）に取り組むことで，「このメンバーで協力したら，自分たちのサポーター（かいじゅう）ができあがった」という成功体験をしてほしいと考えた。また「自分はメンバーが，もっとこうしていけるとよいのではないか」と，互いのよりよい関わり合い方への意欲にもつなげてほしいとも思っていた。

　そして，保護者には，1 泊 2 日の宿泊体験で自分の子どもの活動班にはどのようなメンバーがいて，活動の中では，互いにどのような関わり合いをしているのか，様子を知る機会にできればと考え，授業参観日に実施した。

指導の工夫

学校 GWT 財「ガオー　おもしろかいじゅうをつくろう」のマニュアルにない次のものを準備した。

・宿泊体験学習の行事を意識できるようなタイトルの掲示物

・動物のシルエットの掲示物

・タイマーを大型テレビに映す

・前回，学校 GWT 財を実施した際のふりかえり掲示物

本実践をふりかえって

　時間内に自分たちの応援サポーター（かいじゅう）ができあがった班は 3 グループで，残りの 3 グループは途中で時間切れになってしまった。全体のわかちあいでは，完成したグループに，時間内で完成できたのは，どのようなところがよかったからなのかを聞いた。「残り時間，あと○分だよ（時間管理）」，「『羽があると空からも見られるよ』と言ってくれた（アイデアの提案）。どんどん僕たちのかいじゅうのイメージが湧いてきた」，「鋏を使っていたから，自分は糊で貼っていこうと思った（役割分担）」など，課題達成の助けになった言葉かけや行動が子どもたちから出された。そのことにより，時間内にできあがらなかった班は，自分たちに必要だった関わり合い方を見つけ，後日，その気づきを生かし完成することができた。

　この財を実施したことにより，宿泊体験学習に向けた様々な活動の中で，常に，「今」自分がどのような声かけや関わりができるかを考え，主体的に，意欲的に取り組むきっかけとなったと考える。

子どものふりかえりから　一部抜粋

・グループで協力して，何かをつくるのは，すごく楽しいと思いました。

・みんなの意見をまとめてくれる人がいると，助かると思った。

・応援サポーターをつくっているうちに，「これは，こうじゃない」などと，みんなと声をかけ合っていくことっていいなって，知ることができてよかった。

・一人でやるよりも，みんなでやるといいものができると感じた。

・みんなの得意なことをがんばればいいと思った。

・みんなで役割の分担を決めることで，一人ひとり全員が役割をがんばろうと，みんなが声をかけ合った。

保護者の方からの感想より　一部抜粋

・体験学習で，お友だちとの活動がどんな様子になっていくのか，雰囲気をつかむことができました。とても安心しました。

・思ったよりも，時間を意識して取り組んでいるので，家での様子とは，また違うのだなと思いまし

た。友だちとの関係で，経験させてもらっていることもあるのだと分かり，感謝の思いです。

・息子が，もっと「ここ，やろう」とか「ここ，やるね」とか，どんどんお友だちに話しかけていけば，みんなとの作業も進むのだと思いました。家でもそうですが，ほとんど話しません。何とかしないと…。

板書計画

「自然観察の森」での応援サポーター（かいじゅう）を，どんな生き物にするか，子どもたちのヒントになるように，様々な動物のシルエットを集めた掲示物を用意した。

教室掲示物

教室にも時計はあるが，より時間を意識しながら，声をかけ合って取り組んでいけるよう，テレビの画面に秒の単位まで分かるタイマーを投影機で映すようにした。

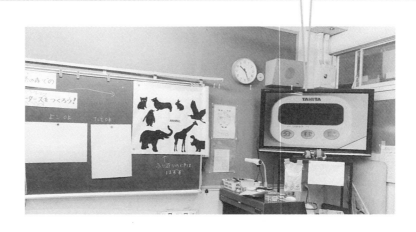

前回のGWT「おたん生日　おめでとう」のふりかえりから出てきた内容を教室に掲示し，自分たちでよかったと思えたことは，普段のグループ活動で，どんどん生かしていくことを意識できるようにしている。

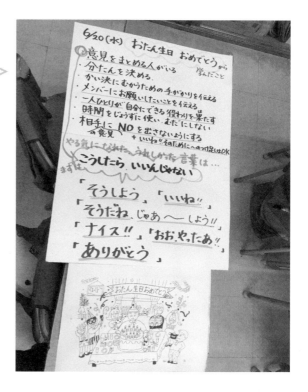

宿泊体験学習を終えて

宿泊体験学習を終えた今，応援サポーターたちは，4年1組の学級目標の見守り隊となり，学級目標の掲示物のまわりに貼っている。
「協力」したことで誕生したキャラクターなので，4年1組を見守ってもらうのに，ぴったりだと子どもたちは言っている。
それぞれに名前があり，みんなとても気に入っていて，愛着を感じていることが伝わってくる。

上郷・自然観察の森での応援サポーターズをつくろう！（ガオー　おもしろかいじゅうをつくろう）

わたしにとっての「学校 GWT」

学校 GWT で大切にしていること（学校 GWT 体験談）

●「つながりを大切にする力」を伸ばしたい

私は長いこと，商社勤務の営業職をしておりました。教職経験の浅い私が，子どもたちの成長を促していくうえで，何か引き出しがほしい。そんなことを考えていたときに「学校 GWT」と出会いました。

どんなに教え方が上手でも，目の前の子どもたちがその気にならなければ，学習成果の向上には繋がりません。教師が強制的に「ああしろ」，「こうしろ」と言うのではなく，子どもたちが自ら進んで物事に取り組むこと，自主的・自発的な姿勢を育むことは，会社員時代から大切にしていた思いと通じるものがありました。

また，組織力やチームワークの大切さを，子どもたちと成長する過程の中で大事にしていきたいと考え，学校 GWT の考え方をもとにした指導を取り入れました。

学校などの集団生活において，それぞれ一人ひとりが「自由に」，「自分勝手に」で集団生活が成り立つ場合，誰かが「我慢」をしている可能性が高いことがあります。だからこそ「集団生活のなかでの幸せのあり方」について伝えなければいけないと思います。「どんな人とでも幸せにつながれる練習をする場」として学校 GWT を活用しています。

（学校 GWT 歴 3 年）

● 学級の集団力を育てるために必要なもの

本来，子どもは集団遊びなどを通して，相手との関わり方を身につけていくものだろうが，子ども同士の集団で過ごすことの少なくなった現代では，学校などで意図的に「場」をつくり，体験を通して関わり方を学ばせる必要があると考える。その手立てとして学校 GWT を利用してきた。

子どもの様子を見てくる中で，休み時間は一人を好むタイプ，放課後など，大人と関わることがあっても子ども同士で遊んでないような子ども，授業の話し合いの場面で，自分から発言をしなかったり，相手の話を聞き入れず責めることが多かったりする子どもが気になっている。そのような子どもが学校 GWT 財で活動することにより，相手の話を聞くことで答えがわかったり，

相手が自分を認めてくれたりする経験を通して，関わり方の基本（聞くこと，話すこと）を学んでいくことができた。

　学校GWT財を実施するときに配慮が必要な子どもへの対応を考えている。すぐに答えが分からないことでイライラしてしまう子どもがいる場合，ヒントになるようなことをあらかじめ盛り込んでおいたり，様子を見ながら，追加情報としてヒントをつけたしたりしている。ルールを守りにくい子どもがいる場合，その子どもがわかりやすいルールに変えたり，その子どもの得意な分野を生かせる財を選ぶようにしたりしている。

　場合によっては無理に参加させるのではなくその場にいるだけでもよしとしている。また，配慮すべき子どもが多くいる場合には，財の方法を一部変え，どの子どもも豊かな経験ができるようにしている。

（学校GWT歴15年）

● 私と学校GWTの出会い

　今から20年前の広島市の特活の研修会で「人間カラーコピー」と「ユッタンランド探検記」を体験し，学校GWTに興味をもちました。その後，2000年の夏季講習会に参加し，帰ってからクラスで自分でもできそうな財を試してみました。学校GWTを通して子どもたちがとても楽しく活動する姿，グループの中で様々な役割を果たしながら気づきを見つけていく姿を目の当たりにして，学校GWTの力ってすごいと思い，今日に至っています。

　横浜から離れているため，定例会に参加がかないませんが，これからもたくさん実践し，勉強していきたいです。

（学校GWT歴20年）

● あなたがどう思っているのか，あなたの考えが分からない

　初めて学校グループワーク・トレーニングを体験したときに，オブザーバーから言われた言葉です。それまで，「大したことはできなくても，人の役に立ちたい」と思って生きてきた私の心に刺さりました。グループにとって何の役にも立たないどころか，気になる存在になっていたのでした。

　また，相手やグループの役に立つためには，マイナスの感情は出してはいけないと思っていました。しかし，学校グループワーク・トレーニングをしていると，それを続けることが苦しくなり，感情を出すまいとしても伝わってしまいました。

　学校グループワーク・トレーニングで得た気づきを生活の中で生かすうち，「自分自身のことが大好き」になって，生きることがとても楽になりました。そして，「子どもたちにも学校グループワーク・トレーニング体験をしてもらいたい。そして，自分の人生に生かしてほしい」と思い，教室に学校グループワーク・トレーニングを取り入れ，その考え方をもとに学級経営をするようになりました。

　ある年に受けもっていた小学校1年生が，友だちが悩んでいるのを見て，「（他の人と）比べな

くていいんだよ」と言っているのを耳にしました。その子の人生に，少しは役に立つことができたと嬉しく思った瞬間でした。

　子どもたちが，友だちも自分も大切にし，よりよい人生をつくっていってくれることを願っています。
（学校 GWT 歴 29 年）

● 子どもを見とる力がついた

　学校グループワーク・トレーニング（GWT）を実施すると子どもが楽しそうに活動をし，そこからいろいろな学びができることを実感し定期的に行っていました。子どものためにと始めた学校 GWT でしたが，一番影響を受けたのは指導者の自分自身ではないかと思っています。

　ふりかえりを記入する際に，「楽しかった」，「おもしろかった」で終わるのではなく，グループのメンバー同士互いの行動について認め合えるように声をかけてきました。特に，「いい考えを出してくれました」，「話し合いをまとめてくれました」というようにありがたく思ったことについて具体的に書けるようにしてきました。また，何気なくしたことを認めてもらうことにより自己肯定感を高められるようになったり，うまくいかなかったことも気持ちを切り替えたり，見方を変えたりすることによって前向きに取り組めるように声をかけてきました。

　子どもに対して支援を重ねることにより，自分自身も子どものモデルとして見方を変えることができてきました。子どもの行動を見たときに出来事（事実）と，思ったこと（見方）を区別することができるようになりました。その場にそぐわない行動をしているのを見かけたときに，マイナスの行動と判断してすぐに指導の声かけをするのではなく，「どうしたの」，「何か困ったことがありましたか」というように尋ねてみることにしました。そうすると子どもなりの理由があり，始めに思ったマイナスの行動ではないということが分かったことがありました。

　学校 GWT で学んだことを日常に生かす——これは子どもだけではなく指導者にも言えることだと思っています。
（学校 GWT 歴 20 年）

● 自らの成長につながる「気づき」がたくさんある学校 GWT

　学校 GWT は，体験後のふりかえりやわかちあいの時間が，とてもいいと思っています。体験の中での相手（友だち）との関わりから，自分自身が感じたこと，思ったこと，そして同じように相手（友だち）が感じたこと，思ったことをわかちあうことで，多くの「気づき」があるからです。

　そのときに起こっていた思考や感情を個々の気づきとしてわかちあう（伝え合う）ことで，「いろいろな人がいる（いろいろな考え方や感じ方がある）」ことを改めて理解することができます。

　そして，この自らの気づきが，自分自身の次なる行動によりよく生かされたときには，その満たされた気持ちは，自分の自信にもつながっていきます。

「成長」というものが，他者が外から変えるものではなく，自らが内から変えるものであるのならば，学校 GWT には，自分の成長につながる大切な気づきがたくさんあります。

学校 GWT は，教師として子どもたちの豊かな人間関係づくりを心から願うとき，私自身の教育活動の基盤となっていくことは，これからも，今まで同様，変わることはないと思っています。

（学校 GWT 歴 18 年）

● 中学生ジュニアリーダー養成を通して，感じたこと

①多数決しか知らない中学生に

話し合いで何かを決めようというとき，中学生（に限らないかもしれませんが）は，すぐに多数決で決めようとします。言い換えると，多数決しか知らないように感じます。

いくつか意見が出たら，すぐ多数決で決めて終了。短時間で終わるのは利点でしょうが，その後は，決まったのだからしょうがない，納得していないけれどしかたなく従う，という様子でした。

そこで私は，「みんなを説得しよう」，「あいつがあそこまで熱心に言うから，賛成しよう」，「今回は，その意見に納得した」といったコンセンサスを体験してほしいと感じ，ジュニアリーダー養成講習会のプログラムの中に，コンセンサスを体験できる学校 GWT を入れてみました。話し合いは，多数決だけじゃないんだな，説得って難しいな，納得するって気持ちがいいな，と感じてもらえたようです。

②褒められない・自分に自信がない中学生に

次に私が中学生に感じたことは，自分を好きでない，自信がないということでした。何をしても，できて当たり前，できないことは恥ずかしいこと。

しかし，そんな中学生の行動を見ていると，一人ひとりに小さな長所がたくさんありました。プリントを受け取ると笑顔で受け取る人，友だちの落とした消しゴムをさりげなく拾う人，グループで出たごみを当たり前のように集めて捨てる人…。本人にしてみれば，そんなの当たり前のことで，できても褒められたことなどないと言います。

そこで，ジュニアリーダー養成講習会のプログラムの中に，グループのメンバーのよいところを見つけあい，最後にそれをメッセージカードに書いてプレゼントする「しあわせ宅配便」（学校グループワーク・トレーニング3）を使いました。カードをプレゼントされるときの表情はとても嬉しそうで，何度やっても，使ってよかったと感じる学校 GWT です。（学校 GWT 歴 30 年）

第 2 部

学校 GWT を実施してみよう！

実施に向けて…

　子どもたちを見ていて，何か感じている
はずです。そこに目を向けてみましょう。

　何が子どもたちの心をざわつかせていま
すか。どのようなこと（場面，事件，子ど
もの誰か，誰かと誰か，グループなど）が
気になりますか。そして，それが続くとど
のような未来が待ち受けていると想像しま
すか。

　逆に，どのようなことが続くと，子どもたちの心は平穏で居られるのでしょうか。いろいろな
ことを乗り越え，豊かな学校生活を送ることができるのでしょうか。

　そんなふうに思いを馳せながら，子どもたちの様子を観てみましょう。そして，子どもたちの
関係性が進むような，活動への意欲に勢いがつくような刺激となるであろう学校 GWT 財を考え
てみましょう。

　財実施中の子どもたちの様子を思い浮かべながら，どのような気づきが子どもたちから出てく
るかをイメージします。

財を決めて，準備しよう（「塔を作ろう」（p.32 参照）を例に…）

「塔を作ろう」
　　【ねらい】　○みんなで一つのものを作ることを体験する
　　　　　　　　○活動を通して，どのようなことをしたり言ったりすることが，問題解決につ
　　　　　　　　　ながるのかに気づく

　財を決めたら，準備します。準備物を整えるとともに，グループをどのようなメンバー構成に
するか，どのような必然性を子どもたちに提示していくかを考えます。

その必然性にふりかえり項目が適しているかも確かめます。どのように気づきを子どもたちと共有するか，日常化のための視覚化をどのようにするかもポイントです。

財を実施しよう

(1) 準備

- ・新聞紙（半分大）各グループ 16 ～ 20 枚程度
- ・ふりかえりシート　　各自 1 枚

(2) 導入（必然性と財の進め方の説明）

　課題とねらいについて伝える大切な時間です。

子どもたちにとって，なぜこれを今扱うのか，この時間を過ごすと自分たちにどんないいことがあるのかなど，納得して取り組むことが大切です。最近子どもたちの様子を観ていて感じること，この先の学級集団のイメージ，担任としての想いなども伝えます。子どもたちがその気になれたら最高です。

準備・説明（導入）（5 分）

問いかけ例）

　　先生：〈課題〉（最近感じていること，この先どのような方向性に進んでいきたいかなど思いを伝えて…）今日は，グループの仲間と協力して，できるだけ高い塔を作ります。作った塔は，手で支えなくても立っていなければなりません。どうやったら高い塔が作れるか，工夫するアイデアを出したり，声をかけ合ったりしながら取り組んでください。

　　先生：〈ねらい〉そうして，"協力する" って何をすること？　何を言うこと？　何を考えること？　ということを見つけましょう。

　　先生：〈活動の手順〉塔を作るための材料は，配られた新聞紙です。新聞紙をどう使って塔を作るかは，グループで話し合って決めてください。（質問があれば受ける）塔を作る時間は 15 分間です。

（3）実施

実施（15分）

　実施中の教師の役割は重要です。最もファシリテーションを発揮するときと言っても過言ではありません。
　一番は，子どもたちが安心して財体験に没頭できる空気感を醸し出して，そこに「居る」ということです。非言語で伝わるメッセージはたくさんの可能性を秘めています。放っておかれている空気を感じるのと，見守られている空気を感じるのと，どちらがより安心して自分のやることに集中できるでしょうか。ジャッジしない，評価しない「共にいる」居方です。そして，学級にとって「担任教師」はどのような存在としているのかを見つける絶好のチャンスでもあります。どのような表情，動き，どのような心持ちでそこに居たら，そのことが伝わるでしょうか。
　もう一つは，「観る」です。安心して，活動に没頭できている子どもたちは，素の表情を見せます。子ども一人ひとりを，学級を理解するための情報の宝庫です。他者やグループに対する警戒度，コントロールに対する欲求度など，一人ひとり様々な個性が見えます。どのようなときに子どもは笑顔を見せるのか，生き生きと活動に取り組んでいるのか，困ったり不安になったりしたときにどのようなメッセージを発信しているのか，それをどのように他の子がキャッチするのか，たった15～20分間の実施はたくさんのことを教えてくれます。子どもだけでなく，自分自身の発見もたくさんあります。自分が微笑ましいと感じたり，怒りや苛立ちを感じたり，つい反射的に声をかけてしまったり，どのような子や場面に目が向くのか，意識を向けることができます。そこに，自分の子どもや学級への関わり方の癖や可能性を見つけることができるでしょう。
　対象学年や構成メンバー，グループ（学級）の成熟度によって異なりますが，時として，「関わり（介入や働きかけ）」が必要になる場面もあります。ジャッジ，評価する人としてではなく，一人の人として，関わりましょう。安全に関わる緊急を要する場面以外は，関わり（相談や助言）が必要かどうか，本人，あるいはグループに意思確認することをお勧めします。ここでは，傾聴のスキルが役に立ちます。どのように感じているのか，どうしたいと思っているのかを聞きます。子どもが言葉にできないときは教師が自分の観えたことを伝えて援助することもできます。教師が何かを伝えるときは「私メッセージ（“私”を主語とした話し方）」であることが大切です。「あなた」を主語にすると，それは途端に，教師のジャッジ，評価となって伝わります。先生が正解を持っていることが明らかになり，子どもたちは先生の目（評価）を気にしながら活動しなくてはならなくなります。
　関わりによって，子どもたちなりに具体的な解決策を見つけることができます。そこまでいか

ない場合は，方向性を「提案」します。

　いろいろ関わったとしても，最後に決定するのは，子どもたち本人です。そこはお互いにしっかりと肝に銘じておきましょう。

　とにかく，この時間は教師も楽しむことです。活動を通して何が起きるのか，子どもと一緒にワクワクしながら，子どもに対するアンテナ（感受性）をできる限り広げて，この時間を過ごしましょう。

(4) 発表

　できた作品（導き出した答えであることもあります）を発表し合います。同じ課題に取り組んだのに，グループごとの作品は違います。課題達成の過程が違うので，当たり前のことです。そして，自分たちががんばって取り組んだのだから，他グループのがんばりが気になるのも当然のことです。なので，短い時間であっても，発表の時間をもつことは大事です。

　発表の場で大切にしたいのは，優劣を評価するのではない，ということです。もちろん，達成した課題の条件がある場合はそれが満たされているか，判定することは大切です。

発表（10分）

　まず，作った塔が自立していることは，必須条件です。その条件が満たされているか全体で確認します。同時に，課題は，「できるだけ高く作る」で「一番高く作る」ではないことも確認します。1グループ30秒間を目安に，工夫したポイントを口頭発表します。聞く側も「高さ」に注目しすぎず，「自立している」工夫に注目します。

　1〜2分しか取れないときは，展覧会のように，時間を伝えて，自由に見て回ります。

---

(5) ふりかえり

ふりかえり（10分）

　〈ふりかえりシート〉への個人記入とグループでのわかちあいを合わせた時間です。個人記入を3〜5分，グループでのわかちあいを5〜7分，が目安です。グループ差をできるだけ小さくするために，時間のコントロールが重要です。グループでのわかちあいの時間は，教師主導で進めることをお勧めします。

　活動を思い出して，自分の中にあるいはグループの中に起きていたこと（体験）をふりかえる時間です。ここが学校GWTのメインの時間です（「『人が学ぶ』しくみ」参照）。

　ただ，「楽しかったあ」，「おもしろかったあ」で終わるのではありません。そのことを言語化する，言語化してそれが自分にとってどのような意味を持っているのかを考えます。もちろん言語化できるようになるには，繰り返しが必要です（「学びを促進するために」参照）。

　ふりかえりの時間は，2つの時間で構成されます。〈個人記入〉の時間と〈グループ内でのわかちあい〉の時間です。

　どちらも，導入と同じように，何のためにふりかえるのか，それをすることでどんなよいことが起こるのかをしっかり伝えていくことが大切です。個人でふりかえったことは，そののち，グループ内でわかちあう（発表し合う）ことは伝えておきます。他者に知られるということがわかると，書く内容を選ぶことがあるかもしれません。そこも，その子どもと先生を含めた他者やグループ，学級との関係性（信頼）が影響します。

〈個人記入〉

　〈ふりかえりシート〉を使って，自分の中に起こっていたこと（体験）をふりかえります。自分の中に起こっていたこととは，活動中，何をどう感じていたり，考えたりしていたのか，ということです。目に見えたり耳に聞こえたりしたことではない，心の中で起こっていたことです。ここで子どもたちに伝えたい大切なことは，「100人いたら100通りの感じ方がある，考えがある」ということです。できるだけ率直に自分のことを言語化できることをめざしてファシリテートします。正解もなければ間違いもないのです。人は自分の中の負の感情を出すことを控えます。いけないこととして，認識しがちです。そのことこそ，乗り越えたい思い込みです。人は「喜怒哀楽」様々な感情を持っています。どの感情も自分の今を教えてくれる大切な感情です。「怒」や「哀」は自分の中の大切な何かを傷つけられたシグナルです。

　「傷ついた」で終わるのではなく，「どうして哀しくなったんだろう」，「何に傷ついたんだろう」ともう少し深く自分を見つめると，自分の中の大切にしたいものが何かが見つかることがあります。大切にしたいものが見つかると，どうしたら大切にできるだろうか，という違うやり方，表現の仕方が見えてきます。それは，未来に様々な可能性を見出すことにつながるのです。個人記入中，鉛筆の止まっている子どもがいたら，気にかけます。様子を観て，声をかけます。どのような状況なのか，尋ねます。活動を思い起こせなくて困っているようであれば，情報を提供します。活動中，教師に観えたこと（その子どもの表情から推察される心の状況など）を伝えてみることも大切です。もし，書けない状況であるなら，そのことを受け止めます。書くことを無理強いすることは絶対にいけません。

　個人記入しながら，「こんなことを思ってたなあ，感じてたなあ」，「意外と自分って○○かも…」，「今度やるときは○○してみよう」など，どんな自分も受け入れる，自分が自分に共感する，そんな時間になったらいいと考えます。

〔塔を作ろう〕

ふ り か え り シ ー ト

年　　月　　日　グループ名：　　　　　　　　名前：

今のグループでの活動を思い出し，一人で考えて書きましょう。

1.　グループで作った塔にどのくらい満足していますか。○をつけましょう。

とても 満足している	満足している	それほど 満足していない	まったく 満足していない

　　その理由）

2.　どんなことをしたり，言ったり，考えたりすることが，協力につながると思
　　いますか。

3.　その他に，感じたこと，思ったこと，気づいたこと，考えたことがあった
　　ら，書いてください。

〈グループでのわかちあい〉

　なぜわかちあいをするのでしょう。それぞれの気づきをわかちあうことでどんないいことが起こるのでしょう。ここでも子どもたちに強調して伝えたいのは，「一人ひとりみんな違う人間なのだ」，「違うだけであって，誰一人として“間違い”はないので」，「いろんな感じ方，考え方がある」ということです。「そう感じた」自分がいる，「そう考えた」仲間がいるという事実があるのです。同じ活動をしていたのに，感じ方や考え方，気づきが違うのです。そして，それは聞かなければわからないのです。似た感じ方もあるかもしれませんし，全く違う考えや，思いもよらなかった気づきがあるかもしれません。違うからこそ，伝え合うことで互いを知り合うのです。

　この時間は，多様である互いを知り合い，認め合う時間であり，そのような感じ方，考え方があることを知り，自分の感じ方，考え方を広げ，深める時間です。もちろん，言いたくないことは言わなくてよいこと，話しながら，また，仲間の考えを聴きながら，書いてないけど言いたくなったことは言ってよいことを伝えます。

　ここでも，教師のファシリテーションは，重要であり，影響力を持ちます。この場が（心的に）安心安全の場である雰囲気づくりが必須です。グループの雰囲気が硬かったり，とげとげしていたり，動きが止まっていたりしたら，さりげなく近づき様子を観ます。SOS を訴えてくる子どもがいるかもしれません。困っている様子であることを伝えたり，困っていることがあるのか尋ねたり，サポートする準備があることを伝えましょう。

　あとは，子どもたちがどのような表情や様子で，自分の気づきを話すのか，どのような言葉で話すのか，耳を傾け，見守り，その時間を一緒に過ごしましょう。

グループでのわかちあい（5〜7分）

　〈ふりかえりシート〉の項目ごとに進めます。

　項目１については全体で進めます。どのくらい満足したのか，こちらが読み上げ，丸を付けた程度のところで挙手します。誰がどこに挙手するのか他者を気にするのではなく，活動を共にしたグループのメンバーに自分に起こった気持ちを伝えることが大切です。そして，理由を書いていて，伝えてもいいと思う人が順番に書いたことを読むように伝えます。

　項目２について，書いたことで伝えていいと思うことをグループで順番に伝えていきます。一通り全員が伝え終わったら，終わったことを知らせてもらうようにすると，全体の進度を把握することができます。

　全グループが項目２について伝え終わったところで，残り時間が１分であることを告げ，１分後にグループでのわかちあいを終わります。

（5）まとめ（日常への橋渡し）

　この時間も学校 GWT のめざすところに向かうための大切な時間です。気づきや学びを日常に生かそうとする（行動しようとする）ための時間です。

　「グループで活動して，その活動をふりかえってみて得た気づきや学び，それをグループ内でわかちあうことによって，気づきや学びが広がり，深まりました。今，どのようなことを感じたり，考えたりしてますか」，「この時間が終わっても，普段の生活に生かせることはありますか」，「あるとしたら，それはどのようなことでどう行動しますか」など，教師が一方的に話し続けるのではなく，子どもたちとやり取りしながら，進めることが大切です。

　言語化（文字化）することは，残ります。話を聞きながら，キーワードを拾ったり，さらに気づきが深まる問いを発したり，板書をうまく活用することもおすすめです。

　気づきが絵に描いた餅にならないためには，日常に生かすための「やろう！」という意欲や気持ちと，具体的な行動が大切です。一人ひとりが自分のできる小さな一歩を見つけ，言語化する時間です。それぞれが付箋に書いて，画用紙などにまとめて貼ってもいいかもしれません。時間がそこまでなければ，言語化して残す方法まで決めて，あとは個々に任せてもよいでしょう。

塔を作ろう

[小学校中学年～]

▼ねらい

・みんなで一つのものを作ることを体験する。

・活動を通して，どのようなことをしたり，言ったりすることが，課題解決につながるのかに気づく。

時間配分　　　　　　　　　　計 45 分

1. 準備・説明　　　　　　　　　5 分
2. 実施　　　　　　　　　　　15 分
3. 作品発表　　　　　　　　　10 分
4. ふりかえり
   （個人記入・グループでのわかちあい）10 分
5. まとめ（全体でのわかちあい）　5 分

準備するもの

・新聞紙（半分大）
　　　　　　　　各グループ 16 ～ 20 枚程度
・ふりかえりシート　　　　　　各自 1 枚

すすめ方

1. 準備・説明

①グループ（4～5 人）ごとに机を囲んで座る。

②課題とねらいについて伝える。

「今日は，グループの仲間と協力して，できるだけ高い塔を作ります。作った塔は，手で支えなくても立っていなければなりません。どうやったら高い塔が作れるか，工夫するアイデアを出したり，声をかけ合ったりしながら取り組んでください」（課題）

「そうして，『協力する』って，何をすること？　何を言うこと？　何を考えること？　ということを見つけましょう」（ねらい）

③活動の手順を話す。

「塔を作るための材料は，配られた新聞紙です。新聞紙をどのように使って塔を作るかはグループで話し合って決めてください」

※質問があれば受ける。

2. 実施

「それでは，塔を作ります。時間は 15 分です」

※子どもたちがどのように取り組んでいるかを観ておく。

3. 作品発表

「時間です。どんな塔ができあがったか，他のグループの塔を見ましょう。高くするために

考えた工夫を加えて，1 グループ 1 分程度で，発表してください」

4. ふりかえり

①〈ふりかえりシート〉を配り，記入してもらう。どんなことが書かれているか見て回る。(5分)

②グループ内で項目ごとに発表し合う。どんなことが話されているか聞いて回る。（5分）

5. まとめ

〈ふりかえりシート〉の項目 2 を中心に，気づいたことを全体の場で発表してもらう。その発表を聞きながら，新しく気づいたことや，納得したことなどをやり取りしてもよい。

作品例

作品例（1）

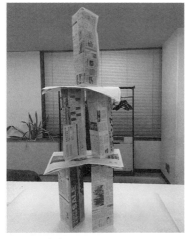

作品例（2）

作品例（3）

〔塔を作ろう〕

ふ り か え り シ ー ト

年　　月　　日　グループ名：　　　　　　　名前：

今のグループでの活動を思い出し，一人で考えて書きましょう。

1.　グループで作った塔にどのくらい満足していますか。○をつけましょう。

とても満足している	満足している	それほど満足していない	まったく満足していない

　　その理由）

2.　どんなことをしたり，言ったり，考えたりすることが，協力につながると思いますか。

3.　その他に，感じたこと，思ったこと，気づいたこと，考えたことがあったら，書いてください。

フォローアップして日常パワーアップしよう

　日常に生かされてこその学校 GWT での気づきや学びです。そのための大事なファシリテーションとして，日常の意識化が大切です。意識化する最も有効な手立てとして，視覚化しておくことが挙げられます。子ども自身の文字で作った掲示物は最高です。そして，いやでも視界に入るところに掲示し，「今，どうか」を問いかけることです。帰りの会で，声に出してふりかえるコーナーを設けたり，一言日記などでふりかえる項目を設けたり，学級新聞などでその後の様子を伝えたりすることもできます。細く長く，持続し続けることが大切です。

　そして，このことを固定化しないことも大切です。説教や反省，自分たちのことを制限するような原因になってはいけません。個人も集団も日々変化成長しています。何かそぐわない感じがしたら，立ち止まって，見直すチャンスです。

　子どもたちの様子を観続けながら，さらに成長したい方向性を探り，次の学校 GWT 財実施に思いを巡らせていくのです。

イラスト・はまぐり涼子

小学校低学年以上の
学校 GWT

1. おどうぐばこの中は？

[小学校低学年〜，１グループ４〜５人]

▼ねらい

・グループの活動に慣れる。

・認め合う大切さに気づく。

時間配分　　　　　　　　計45分

1. 準備・説明　　　　　　　5分
2. 実施　　　　　　　　　20分
3. 結果確認　　　　　　　　5分
4. ふりかえり　　　　　　10分
5. まとめ　　　　　　　　　5分

準備するもの

1. 道具箱２個
2. A・Bの表示札
3. 文房具10点前後（各2個）
4. 八つ切り画用紙　　　１グループ１枚
5. フェルトペン　　　　１グループ１本
6. ふりかえりシート　　　　　各自１枚

すすめ方

1. 準備・説明

①A・B２つの道具箱に，それぞれ文房具10点前後を入れて，子どもたちが座っている所から見えない場所（廊下など）にはなして展示しておく。

②子どもたちを４〜５人のグループに分け，机を囲んで座るように指示する。

③画用紙，フェルトペンを配り，課題を説明する。

「お道具箱が２つあります。Aのお道具箱と同じ物を用意したはずなのに，Bのお道具箱に入っている物が，似ているけれど少し違います」

「Aと比べてBは何が違いますか。よく見て，違いを画用紙に書きましょう」

「そのときに，約束が３つあります」

> １回に見に行く人は，グループで１人ずつ。
> 見に行くときは，何も持って行かない。
> だれでも，何回見に行ってもよい。

※ここで安全面に関する諸注意（走らない等）があれば，約束に追加する。

④「時間は20分間です」

※質問があったら受ける。

2．実施

①「それでは始めましょう」

②終了5分前になったら知らせる。

3．結果確認

終了の合図をし，画用紙を見せて結果を発表し合う。

4．ふりかえり

①〈ふりかえりシート〉を配り記入してもらう。

②グループ内で，発表してもらう。

「それぞれのグループで，誰がどんなことをしたことが課題解決のために役に立ったか発表し合いましょう」

5．まとめ

子どもたちどうしで気づかなかった友だちのよいところを，この財の［ねらい］と関連づけて教師が紹介する。また，それに気づいた子どもたちのつぶやきを取り上げるなどしてまとめる。

留意点

・文房具10点前後のうち，4～5点くらいは違うものを用意する。

・子どもの実態に合わせて，文房具の数や種類を考えるとよい。

問題例

おどうぐばこ例（1）

おどうぐばこ例（2）

ふりかえりシート

年　　月　　日　グループ名：　　　　　　　　　名前：

今のグループの様子を思い出して，一人で考えて書きましょう。

1. 次の質問にあたる人はだれですか。思いあたる人の名前を全部書きましょう。
   自分があてはまるときは，自分の名前を書きます。
   あてはまる人がいない場合は，書かなくてもかまいません。

番号	質問	名前
1	よく見に行った人は，だれですか。	
2	画用紙によく書いた人は，だれですか。	
3	考えを出した人は，だれですか。 ・じゅんばんに 見てこよう ・見る物をきめよう　　など	
4	みんなの意見をまとめようとした人は，だれですか。	
5	時間を気にした人は，だれですか。	
6	心が温かくなったり，元気になったりする声かけをした人は，だれですか。	

2. 「おどうぐばこの中は？」をして，思ったことや感じたこと，気がついたことなどを書きましょう。

2. スローガンを探せ！

[小学校低学年～，1 グループ 3 ～ 4 人]

▼ねらい

・楽しく活動しながら，力を合わせることの意味，大切さ，むずかしさに気づく。

・協力とは，具体的にどんな行動をすることなのかに気づく。

....

時間配分	計 45 分	準備するもの	
1. 準備・説明	5 分	1. 画用紙（八つ切り）	1 グループ 1 枚
2. 実施	25 分	2. 平仮名表（B4）	1 グループ 1 枚
3. 結果確認	3 分	3. のり	1 グループ 1 本
4. ふりかえり	10 分	4. はさみ	1 グループ（人数−1）本
5. まとめ	2 分	5. ふりかえりシート	各自 1 枚

※ふりかえりシートを使わない場合もある。

つくり方

　スローガンを用紙全面にちりばめるように書く。空いている場所に必要のない文字も適当に書き加える。

すすめ方

1. 準備・説明

①子どもたちを 3 ～ 4 人のグループに分け，机を囲んで座るように指示する。

②はさみ，のりを用意する。

③画用紙，平仮名表を各グループに配布する。

④スローガンを板書し，次のように説明する。

　「平仮名表から，運動会のスローガンに必要な文字を探して切り取ります」

　「それを，どんな貼り方にするかグループで相談して，この画用紙に貼ります」

　「できあがったら，みんなでバンザイをしてください」

　「気をつけることは，みんなで力を合わせること，みんなが楽しいと思えるようにすることです」

　「時間は，25 分間です」

　※質問があったら受ける。

2. 実施

①「それでは始めましょう」

②終了5分前になったら知らせる。

3. 結果確認

終了の合図をし，できあがった画用紙を黒板に掲示する。

4. ふりかえり

※〈ふりかえりシート〉を使う場合

①〈ふりかえりシート〉を配り，記入してもらう。

②グループ内で書いたことを順に発表してもらう。

③気づいたことを話し合う。

※〈ふりかえりシート〉を使わない場合

①「みんなが楽しくできましたか」

　工夫したこと，気づいたことなどがあったら発表してもらう。

②「みんなで力を合わせることができましたか」

　工夫したこと，気づいたことなどがあったら発表してもらう。

5. まとめ

ねらい（楽しく活動しがなら力を合わせることの意味，大切さ，むずかしさに気づく。／協力とは，具体的にどんな行動をすることなのかに気づく）に沿って子どもの気づきをまとめたり，子どもが気づかなかったところを知らせたりして終了する。

留意点

- 平仮名表の文字は，学校名や学級目標など，実態に合ったものにするとよい。
- 早くできたグループには，オイルパステルで模様を描く，余った文字を使うなどして，時間を有効に使うようにしてもらう。
- 子どもの実態に合わせて，〈ふりかえりシート〉を使うかどうかを判断する。
- ふだん何気なくしていること，自分にとってはあたり前のことが，グループの課題達成に役立っていることがあると考える。そのことに注目して，財実施中の子どもたちの様子を見たり，ふりかえりやまとめの時間にそのことを伝えたりすると，子どもの気づきが促進される。

作品例

作品例（1）　　　　作品例（2）　　　　作品例（3）　　　　作品例（4）

平仮名表（1）

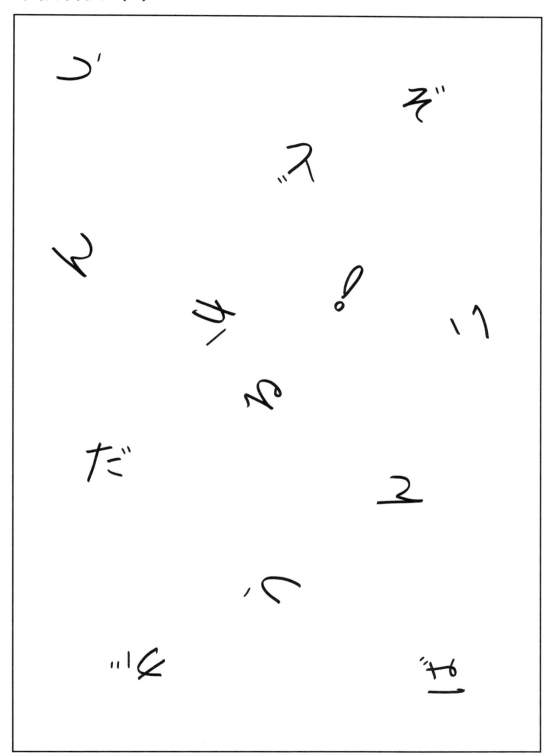

平仮名表（2）

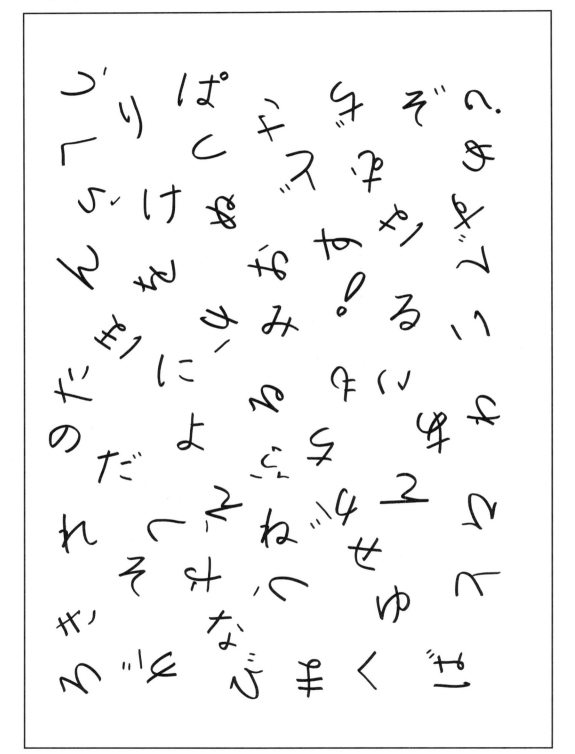

[スローガンを探せ！]

ふ り か え り シ ー ト

年　　月　　日　グループ名：　　　　　　　名前：

今のグループの様子を思い出して，一人で考えて書きましょう。

1. 楽しく活動できましたか。

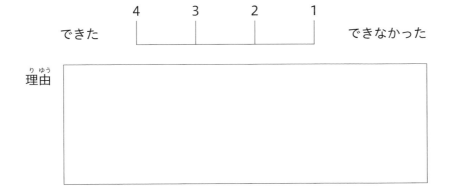

できた　　　4　　3　　2　　1　　　できなかった

理由

2. スローガンを探したり貼ったりするときに，工夫したことは何ですか。

3.「スローガンを探せ！」をして，思ったことや感じたこと，気づいたことなどを書きましょう。

3. 高くつみあげよう

[小学校低学年〜，1グループ3〜4人]

▼ねらい

・声をかけ合いながら，みんなで活動する楽しさを味わう。

. . . .

時間配分	計40分	準備するもの	
1. 準備・説明	5分	1. 積み木	1グループ1セット
2. 実施	15分	2. ふりかえりシート	各自1枚
3. 結果確認	5分		
4. ふりかえり・まとめ	15分		

すすめ方

1. 準備・説明

①床にグループ（3〜4人）ごとに輪になって座るように指示する。

②積み木セットを配布する。

③次のように説明をする。

「グループのみんなで協力して，積み木を高く積んでいきます。初めに作戦タイムを取ります。グループでどのように積み上げていくかを，いろいろと考えてみましょう」

「ルールが3つあります」

   1. やることがなくてつまらないと思う人がいないようにします。だれもが積み木を積みます。

   2. 本番の時間は，1分間です。終わりの合図のときに，積み木ができるだけ高くなっているようにします。

   3. 作戦タイムの時間も本番も，時間内であれば，何回でもやり直すことができます。

※質問があれば受ける。

2. 実施

①「それでは始めましょう。作戦タイムは10分間です」

②終了5分前になったら知らせる。

③作戦タイムの終了を知らせ，本番の準備をするように指示する。

④1分間で終了の合図をすることを伝え，開始の合図をする。

⑤終了の合図をする。

3. 結果確認

互いに作品を見合うように声をかける。

4．ふりかえり・まとめ

それぞれのグループや，一人ひとりについて気づいたことを発表し合う。

今までの子どもの経験や普段の様子から判断して，口頭によるふりかえりで行ってもよい。

子どもたちどうしで気づかなかったことは，この財の［ねらい］と関連付けて教師が紹介する。また，そのことについての子どもたちのつぶやきを取りあげるなどしてまとめる。

留意点

- グループのどの位置に積み木を置いているかを見ることにより，指導者はそのグループの様子をつかむことができる。もし，やりにくそうにしている子どもがいたときには，場所を変わることなどをお願いすることを示唆したり，励ましたりする。
- 積み木の代わりに，算数・数学で使用する1立方センチメートルの立方体や，図工の材料として集めた箱なども使用することができる。
- 低学年や学校GWTの経験が少ない場合は，p.48の〈ふりかえりシート①〉を使うとよい。
- p.49の〈ふりかえりシート②〉を使う場合は，できるだけグループ全員について書くように促す。グループ内で発表する際，次の手順で行うとよい。

1．の項目は，一人に対してグループの人が書いたことを発表した後，本人が自分のことを発表する。このことを，グループに人数分くり返す。

2．の項目は，順番に読む。

作品作成中例

[高^{たか}くつみあげよう]

ふ り か え り シ ー ト ①

_{ねん} 年　_{がつ} 月　_{にち} 日　グループ名^{めい}：　　　　　　　名前^{な まえ}：

- -

今^{いま}のグループの活動^{かつどう}を思^{おも}い出^だして，一人^{ひとり}で考^{かんが}えて書^かきましょう。

1. 次^{つぎ}のしつもんにあてはまる人^{ひと}はだれですか。グループの人^{ひと}の名前^{なまえ}を書^かきましょう。
   自分^{じ ぶん}だと思^{おも}うときは，自分^{じぶん}の名前^{なまえ}を書^かきましょう。

	しつもん	名前
1	つみ木をつみあげた人は，だれですか？	
2	つみ木をわたす，ささえるなど手伝^{て つだ}った人は，だれですか？	
3	新しい考^{かんが}えを出^だした人は，だれですか？ ・こんなふうにしよう ・こうしたらみんなでできるよ　　など	
4	みんなの意見^{い けん}をまとめようとしたのは，だれですか？	
5	心があたたかくなったり，元気になったりする声かけをしたのは，だれですか？	

2. 「高^{たか}くつみあげよう」をして，思^{おも}ったことや感^{かん}じたこと，気^きづいたことなどを書^かきましょう。

[高くつみあげよう]

ふ り か え り シ ー ト ②

年　月　日　グループ名：　　　　　　　　名前：

今のグループの活動を思い出して，一人で考えて書きましょう。

1. どのような協力がつみ木をつみあげるために行われたのか，自分や友だちが
   したことをできるだけ具体的に思い出して書きましょう

　　　　　（だれの）　　　　　　　　　（どのようなこと）

　〈自分〉

　────────────────────────────────

　────────────────────────────────

　────────────────────────────────

　〈友だち〉

　────────────────────────────────

　────────────────────────────────

　────────────────────────────────

2. 「高くつみあげよう」をして，思ったことや感じたこと，気づいたことな
   どを書きましょう。

4. ぼくらは，言葉発見隊

_{ことば はっけんたい}

[小学校低学年〜，1グループ3〜4人]

▼ねらい

・限られた道具を使って，どのように課題達成したかのプロセスをふりかえることで，仕事分担することのポイントに気づく。

・声をかけ合いながら，協力することの達成感を味わう。

時間配分		計45分
1. 準備・説明		2分
2. 実施		15分
3. 結果確認・発表		10分
4. ふりかえり		17分
5. まとめ		1分

準備するもの	
1. ひらがな表（A3大）	各グループ1枚
2. 発見ペン（色ペン又は色えんぴつ）	各グループ1本
3. 標本カード（白紙A4の1/4大）	各グループ40〜50枚
4. 鉛筆	各グループ（人数−1）本
5. ふりかえりシート	各自1枚

すすめ方

1. 準備・説明

①3〜4人を1グループとし，机を囲んで座るように指示する。各グループに，ひらがな表，発見ペン，標本カード，鉛筆を配る。

②課題を説明する。

「あなたたちは，『言葉発見隊』です。目と頭を使って，グループの仲間と協力し，ひらがな表の中から，できるだけたくさんの言葉を発見してください」

③手順とルールを説明する。

「グループの仲間全員で言葉を探します。言葉は文字どうし順番につながっています。順番に一直線上につながっていれば，縦，横，斜め，上からでも下からでも，右からでも左からでもかまいません。見つけたら，誰かが発見ペンで線を引きます。発見した言葉は，標本カードに書いておきます」

「時間は15分間です」，「質問はありませんか」

※質問があれば，受ける。

質問に答えるときの判断は，言葉であるかどうか，見つけた言葉の客観性である。あとは，できるだけ自分たちで判断できるような言葉を選んで答える。

・「きく」には，花の「菊」と耳で「聞く」と2つあるけど，2つ見つけたとしてもいいですか。

→言葉の意味がみんなに説明できれば，いいです。

・「き」は，ひと文字で「木」だけど，ひと文字の言葉でもいいですか。

　→「文字はつながっている」という条件なので，ひと文字だけの言葉では，条件に合わない。

2．実施

「では，始めてください」

※ルールが守られているか留意する。守られていない場合は指摘する。

※個人の様子やメンバーどうしの関わる様子，どのように課題達成していったかなどを観察しておく。

3．結果発表

終了の合図をする。

机に発見した言葉の標本カードをならべる。互いに見合い，わからない言葉があれば質問し合う。

4．ふりかえり

①〈ふりかえりシート〉を配り，記入してもらう。

②記入した〈ふりかえりシート〉を元に，グループ内でわかちあう。

③①②を元に，気づいたこと，感じたことなどを全体の場でわかちあう。

5．まとめ

4．－③で出された意見や実施中に観た様子をねらいに関係づけながら，一般化に向けてまとめる。

留意点

・グループで使う鉛筆は，個人持ちを使うのではなく，教師側から渡した物を使うようにする。個人持ちを使うと，鉛筆を使う役割が固定してしまう状況が出てしまう。

ひらがな表

あ か さ た な は ま や ら わ
い き し ち に ひ み　 り を
う く す つ ぬ ふ む ゆ る ん
え け せ て ね へ め　 れ
お こ そ と の ほ も よ ろ

〔ぼくらは，言葉発見隊〕

ふ り か え り シ ー ト

年　　月　　日　グループ名：　　　　　　　　名前：

今のグループの活動を思い出して，一人で考えて書きましょう。

1.　（1）あなたは，協力できましたか。

　　　　　　　　　　　　　4　　　3　　　2　　　1
　　　十分に協力できた　|___|___|___|___|　協力できた

　　（2）それはどんなことでしたか。（行動や言葉など）

2.　（1）グループは，協力できましたか。

　　　　　　　　　　　　　4　　　3　　　2　　　1
　　　　十分に協力できた　|___|___|___|___|　協力できた

　　（2）それはどんなときに感じましたか。

3.　今の活動で，うれしかったことにどんなことがありましたか。

4.　そのほかに，思ったこと，気づいたこと，感じたことがあったら，書きましょう。

5. もりもりでいこう！ [小学校低学年〜，グループ3〜4人]

▼ねらい

・グループで協力して活動する楽しさや達成感を体験する。

・グループで協力して活動するときに，話し合うことの大切さを体験する。

・・・

時間配分	計 45 分
1. 準備・説明	10 分
2. 実施	10 分
3. 結果発表	5 分
4. ふりかえり	15 分
5. まとめ	5 分

準備するもの

1. コイン（一円玉）　　　1 グループ 1 枚
2. ストロースポイト　　　1 人 1 個
　※ストロースポイトの作り方
（1）10 〜 15cm ほどの長さのストローを準備する。
（2）1/3 程のところで折り，軽くセロハンテープで留める。
3. 水の入ったカップ　　1 グループ 1 個
4. コインの水気を取るもの
（雑巾，ティッシュペーパー，ハンカチなど）
　　　　　　　　　　　　1 グループ 1 枚
5. ふりかえりシート　　　各自 1 枚

すすめ方

1. 準備・説明

①3〜4人を1グループとし，机を囲んで座るように指示する。

②今日のねらいを話す。

「今日は，知恵と協力が試されます。仲間と知恵を出し合って，これから伝えることにチャレンジしてください」

③手順を説明する。

「これから，ストローで作ったスポイトを各自に1本ずつと，水の入ったカップをグループに配ります」

ストロースポイトと水の入ったカップを配る。

④ストロースポイトの使い方を練習する。

ストロースポイトの長いほうの先を水の中につける。軽くストロースポイトの上部を押し，ストロースポイト内の空気を出す。押した指を緩めると水がストロースポイト内に入る。水

につけていたストロースポイトの先を水から出して再び押すと，水滴が落ちる。

2. 実施

①〈練習タイム〉ストロースポイトの使い方がわかったところで，実施する。

「ストロースポイトを使えるようになりましたね。これで，みんなはストロースポイト名人です」

「これから，1グループに1枚コインを配ります。順番を決め，一人1滴ずつの水滴をコインに乗せていきます。みんなで水滴を数えながら，2分間にできるだけたくさん乗せていきましょう。コインからあふれたら，終了です」

「まずは1分間の練習です。1分間に何滴乗るかやってみましょう。時間内であれば，何回でもやり直せます。最高記録を憶えておいてください」

②「では，始めましょう！」1分間を計る。

③〈作戦タイム〉（コインはよく拭いて，水気を取っておく）

「さあ，何滴乗ったでしょうか？　これから本番に向けて，作戦タイムを2分間とります。本番は2分間です。2分間に水滴をできるだけ多く乗せるには，どのようにしたらよいか，話し合いましょう」

※このとき，1グループに1枚白紙を渡して，出てきた作戦，実行する作戦などを箇条書きにすると，話し合いの助けになる。

④〈本番〉

「さあ，それでは，各グループ，目標の水滴の数を決めてください。決まったら，手を挙げましょう」（具体的な数字を発表する必要はない）

「では，作戦を実行して，2分間にできるだけ多くの水滴を乗せてみましょう。時間内であれば，何回でもやり直せます。最高記録を憶えておいてください。始めましょう！」

3. 結果発表

①「何滴，乗りましたか？」

②実行した作戦はどのようであったのか，インタビューする。うまくいった作戦，もっとこうしたらよかったなという作戦をきく。※勝ち負けではないことを伝え，失敗や個人に注目しない。

4. ふりかえり

①〈ふりかえりシート〉を配り，記入してもらう。

②項目ごとに自分の書いたことをグループで伝え合う。よくわからなかったり，もっと聞きたいことがあったら，聞いてよいことにする。早く終わったグループには，〈ふりかえりシート〉の空いているところや裏面に，友だちの話しを聞いて，なるほどと思ったことや，思い出したり思いついたりしたことなどを書いておくように伝える。

5. まとめ

全グループが終わったことを確かめて，全体でわかちあう時間を取る。

グループの状況と時間に応じて，次のうちどちらかを選ぶ。

- ふりかえりの時間に友だちの話を聞いて，感じたことや思ったこと，考えたことなどを発表する。
- 今日の財体験での気づきで，普段の生活に生かせそうなことを発表し合う。

例えば，「グループで一つの活動に取り組むとき，みんなで大切にしたいと思うことは何ですか？」という問いかけに対して，

「失敗しても責めない」など，「〜しない」と禁止事項が挙げられることがある。「では，何をするのか」と，その先の行動を問い返すと，一般化につなげやすいと考えられる。

留意点

- 決して，グループ対抗（競争）ではないことを伝える。意欲を高めるなら，1分間の練習後，目標水滴数を決めて，それを超えるように本番に取り組むことを勧める。
- 〈ふりかえりシート〉への記入が難しい場合は，ふりかえりの項目をインタビューしながら，全体で進めてもよい。

準備品の一部

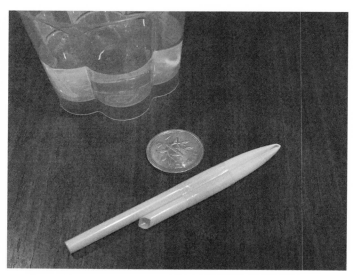

ストロースポイト

〔もりもりでいこう！〕

ふりかえりシート

年　月　日　グループ名：　　　　　　　名前：

今のグループでの活動をふりかえってみましょう。

1. 今の活動はどのくらい楽しかったですか。　　　　　　＿＿＿＿＿点

   その理由）

2. グループでひとつの活動に取り組むときに，あなたが大切にしたいこと
   は，どのようなことですか。

3. その他，感じたこと，思ったこと，考えたこと，気づいたことなどを書
   きましょう。

小学校中学年以上の
学校 GWT

1. ぜんぶつかえるかな　　　　[小学校中学年〜，1グループ3〜4人]

▼ねらい

・みんなで考えると，一人では思いつかない考えに出会えることを体験する。

• •

時間配分　　　　　　　　計45分

1. 準備・説明　　　　　　　5分
2. 実施　　　　　　　　　 20分
3. 結果発表　　　　　　　　3分
4. ふりかえり　　　　　　 15分
5. まとめ　　　　　　　　　2分

準備するもの

1. ひらがなカード
　（折り紙1/4程度に学校名等を書いた
　もの。20字程度。1枚に1文字）
　　　　　　　　　　　　必要数×グループ数
2. ふりかえりシート　　　　各自1枚

すすめ方

1. 準備・説明

①子どもたちを3〜4人のグループに分け，机を囲んで座るように指示する。

②グループに〈ひらがなカード〉を配る。

③課題について説明する。

　「ひらがなカードに書かれたひらがなを組み合わせると，学校の名前ができます。それをば
　らばらにして，グループでいくつかの言葉を作ります」

　「ひらがなカードは1回ずつしか使えません」

　「全部のひらがなカードを使い切るようにします」

　「できるだけ残りのひらがなカードが少なくなるように，頑張りましょう」

　※質問があったら受ける。

2. 実施

①「時間は20分間です。それでは始めましょう」

②終了5分前になったら知らせる。

3. 結果確認

終了の合図をし，各グループに答えを発表してもらう。全員で各グループを回るとよい。

4. ふりかえり

①〈ふりかえりシート〉を配り記入してもらう。

②グループ内で，書いたことを順に発表してもらう。

③気づいたことを話し合う。

5. まとめ

①グループで話し合ったことを全体の場で発表し合う。

②ねらい（みんなで考えると，一人では思いつかない考えに出会えることを体験する）に沿って，子どもの気づきをまとめたり，子どもが気づかなかったところを知らせたりして，終了する。

「考え」とは，新しい言葉だけでなく，ひらがなカードの並べ方や活動の進め方についても含まれる。「みんなが見やすいように並べよう」，「この言葉をくずすと，別のひらがなカードと合わせて，こんな言葉もできるよ」など。

留意点

・何もしないで済んでしまう子どもが出る可能性がある場合には，一人１回はことばを作るように言っておくとよい。

・文字数としては，学校名が適している。学校名を使うことは，子どもたちにとって親しみやすく活動への動機づけもしやすい。

ひらがなカード例

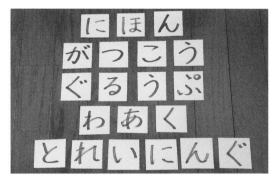

バラバラなひらがなカード

ひらがなカードで作った言葉例（1）

ひらがなカードで作った言葉例（2）

〔ぜんぶつかえるかな〕

ふりかえりシート

年　　月　　日　グループ名：　　　　　　　　　　名前：

今のグループの活動を思い出して，一人で考えて書きましょう。

1．あなたが考えたことばは，何ですか。

2．あなたが思いもよらなかったことばは，何ですか。

3．「ぜんぶつかえるかな」をして，思ったことや感じたこと，気づいた
　　ことなどを書きましょう。

2. さいごは，どうなる？ [小学校中学年～，1 グループ 2 ～ 3 人]

▼ねらい

・お互いの個性（発想，絵の描き方など）を生かして，楽しい活動をつくる。

・・・

時間配分	計 45 分
1. 準備・説明	5 分
2. 実施	20 分
3. 結果確認	5 分
4. ふりかえり	10 分
5. まとめ	5 分

準備するもの	
1. 課題シート（B4 判に拡大）	1 グループ 1 枚
2. 黒サインペン	1 グループ 1 本
3. 色鉛筆など	1 グループ 1 セット
4. ふりかえりシート	各自 1 枚

すすめ方

1. 準備・説明

①子どもたちを 2 ～ 3 人のグループに分け，机を囲んで座るように指示する。

②〈課題シート〉，〈黒サインペン〉を配り，課題とルールを説明する。

「これから，5 コマ漫画を作ります。棒人間でも構いませんが，文字は使いません（記号は可）」

「1 ～ 4 コマは，一人ずつ順番に，私のお話通りに描きます。描いていない人は，話してはいけません」

「5 コマ目は，グループで相談してお話の最後を考えて書きましょう。心が痛くなったり，暗くなったりするお話にしない方がいいですね」

③1 ～ 4 コマ目の分担を決める。

④質問に答えてから，始める。

2. 実施

①「それぞれのコマは，2 分で描きましょう。次の人にペンが渡ったら，前の絵に描きたすことはできません」

「では，1 コマ目を描く人。『私のところに，丸いものが飛んできました』」

②「2 コマ目。『取ろうと思ったら，取りそこねました』」

③「3 コマ目。『丸いものは，ころころと転がっていったので，追いかけました』」

④「4 コマ目。『あらら，穴に落ちちゃった』」

⑤色鉛筆を配る。

「5 コマ目を，グループで相談して，お話の最後を考えて書きましょう。絵の下にひとこと

書きます。時間は 10 分間です」

⑥終了時刻を確認し，始める合図をする。ルールを守っていないときは注意をする。

⑦終了時刻になったら活動を止める。

3. 結果発表

各グループの作品を見て回る。

4. ふりかえり

①〈ふりかえりシート〉を配り，話し合わずに記入してもらう。

②記入したことを，グループ内で発表してもらう。

5. まとめ

ねらい（お互いの個性を生かして，楽しい活動をつくる）に沿って，子どもの気づきをまとめ
たり，子どもが気づかなかったところを知らせたりして，終了する。

[さいごは，どうなる？]

課題シート　　　　　　メンバー：

作品例（1）

[さいごは，どうなる？]

課題シート　　　　　メンバー：もとこ・もっちー

作品例（2）

留意点

・絵の上手・下手に焦点を当てない。聞いた話をどうとらえ，どう表したか，個々ととらえ方や表し方の多様性に注目する。

・自分にはない発想や，友だちの意外な一面にふれることも，楽しい活動と考える。

・5コマ目の絵にいろいろなものが考えられるようにすれば，違う話を考えて実施することができる。

例）①『私の上を，何かふわふわしたものが飛んでいます』

②『取とろうと思いましたが，なかなか取れません』

③『私はどんどん追いかけました』

④『あらら，地面がなくなった』

作品例（3）　　　　　　　　　　　作品例（4）

〔さいごは，どうなる？〕

課 題 シ ー ト

メンバー：

2	1
4	3

5

ひとこと

ふ り か え り シ ー ト

年　　月　　日　グループ名：　　　　　　　　　名前：

今のグループの活動を思い出して，一人で考えて書きましょう。

1. 楽しかったですか。○をつけましょう。

　　とても　　　　　　楽しかった　　　それほど　　　　　ぜんぜん
　　楽しかった　　　　　　　　　　　楽しくなかった　　楽しくなかった

2. 自分が描いているとき，思ったことを書きましょう

3. ほかの人が描いているとき，思ったことを書きましょう。

4. 5コマ目を描いているとき，思ったことを書きましょう。

5. そのほか，あなたが思ったこと感じたこと，気づいたことなどを書きましょう。

3. 色とり鳥

[小学校中学年〜，1 グループ 4 〜 6 人]

▼ねらい

・楽しく活動しながら力を合わせることの意味，大切さ，難しさに気づく。

・協力とは具体的にどんな行動をすることなのかに気づく。

活動の流れ			時間 45 分

分	進め方	準備するもの
準備・説明 5 分	**1　場の設定** 4 〜 6 人のグループで机を囲んで座るよう指示する。 **2　課題の説明** 画用紙等を各グループに配布する。 「色とり鳥」の説明をする。 「今日は，グループで協力して楽しく鳥を作りましょう。見本を使いながら作り方を説明します」 ①グループでどんな鳥にしたいかを話し合う。 ②画用紙にペンで鳥の輪郭を描く。 ③②に折り紙を貼る。 ④はさみで輪郭にそって切り，目をつける。 「道具は配られたものしか使えません。工夫して使いましょう」 「制作時間は 20 分間です」 ※質問があったら受ける。	・見本の鳥＊1 グループに配付するもの＊2 ・四ツ切画用紙　1 グループ 1 枚 ・はさみ　　　　1 グループ 1 本 ・のり　　　　　1 グループ 2 本 ・折り紙　80 枚くらい 1 セット （15cm × 15cm を四等分したもの） ・のりを付けるための台紙 　　（新聞紙等）1 グループ 1 枚 ・太フェルトペン　1 グループ 1 本
実施 20 分	**3　実施** ルールを守っていないときは声をかける。 終了時刻になったら合図をする。	
ふりかえり・まとめ 20 分	**4　結果確認　5 分** 各グループの鳥を黒板に掲示し，工夫した点を簡単に発表してもらう。 **5　ふりかえり　13 分** 〈ふりかえりシート〉を配り，記入してもらう。 グループ内で書いたことを順に発表してもらう。 気づいたことを話し合う。 **6　まとめ　2 分** 協力とは具体的にどんな行動をすることかをグループの気づきをもとに確認する。さらに日常の一般化に向けてまとめる。	・ふりかえりシート＊3　各自 1 枚 ・筆記用具　　　　　　各自用意

活動のポイント

*1　鳥の作り方の見本
① 画用紙に簡単な鳥の輪郭を描いたもの
（ひよこ・あひるなど）

② ①の紙に折り紙を数枚貼ったもの

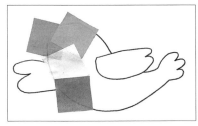

③ 輪郭で切り取り，目を描いたもの

*2　小学校中学年から成人まで使えるようにしているため，大きめの画用紙にし，グループで使用できる道具を少なくしている。学校 GWT の経験が少ない場合は，八つ切り画用紙を使うことをお勧めする。

*3　学年や学校 GWT の経験差により、〈ふりかえりシート①〉 あるいは 〈ふりかえりシート②〉 が適しているかを考えて使用する。

作品例

作品例（1）

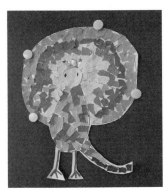

作品例（2）

[色とり鳥]

ふ り か え り シ ー ト ①

年　　月　　日　グループ名：　　　　　　　名前：

[色とり鳥] でしたことを思い出して，○をつけましょう。

1. あなたは，楽しくできましたか。

   とても　　　　　　楽しくできた　　　すこし　　　　　　あまり楽しく
   楽しくできた　　　　　　　　　　　　楽しくできた　　　できなかった

2. あなたは，協力できましたか。

   とても　　　　　　協力できた　　　　すこし　　　　　　あまり協力
   協力できた　　　　　　　　　　　　　協力できた　　　　できなかった

   それはどのようなことでしたか。あてはまると思うことに○をつけましょう。

   ペンでかく　　　　はさみで切る　　　のりを付ける　　　折り紙をはる

   話を聞く　　　話をする　　　みんなをまとめる　　　工夫する

   メンバーを応援する　時間を教える　楽しくする　　机の上をきれいにする

   その他（　　　　　　　　　　　　　　　　　　　　　　　　）

3. グループで協力して，楽しく仕事をするには，どうしたらよいと思います
   か。

ふ り か え り シ ー ト ②

年　　月　　日　グループ名：　　　　　　　　　名前：

1. 今のグループ活動を思い出して，○をつけましょう。

　① 　楽しく活動できましたか。　　できた 4 ---- 3 ---- 2 ---- 1 できなかった

　理由

　② 　あなたは，協力できましたか。 できた 4 ---- 3 ---- 2 ---- 1 できなかった

　理由

　③ 　グループは，協力できていましたか。
　　　　　　　　　　　　できていた 4 ---- 3 ---- 2 ---- 1 できていなかった

　理由

2. そのほか，思ったこと，気づいたことなどを書きましょう。

3. 日常生活に生かしたいことを書きましょう。

4. なかま分けをしよう

[小学校中学年〜，1 グループ 3 〜 5 人]

▼ねらい

- みんなで考えると，よりよい考えを出すことができる楽しさを味わう。
- 活動を通して，いろいろな見方や考え方に気づく。

- -

活動の流れ　　　　　　　　　　　　　　　　　　　　　　　　　**時間 45 分**

分	進め方	準備するもの
準備・説明 5 分	1　場の設定 　3 〜 5 人のグループごとに机を囲んで座るように指示する。 2　課題の説明 　〈台紙〉を配り，持ちよったものをその上に並べるように指示する。 　〈課題シート〉〈なかまカード〉〈鉛筆〉を配布し，〈課題シート〉を読み上げながら活動の仕方を説明する。 　※質問があったら受ける。	・教室にあるものから，1 人 2 個を持ちよる＊1 ・持ちよったものを置く台紙（新聞紙など） 　　　　　　　 1 グループ 1 枚 ・課題シート 　　　　　　　 1 グループ 1 枚 ・なかまカード（B6 程度） 　　　　　　　 1 グループ 2 枚 ・鉛筆　　　 1 グループに 1 本
実施 20 分	3　実施 　「それでは，始めましょう」 ・グループの様子を見て回る。＊2 終了 5 分前になったら知らせる。 ・〈なかまカード〉が書けていなかったら書くようにうながす。 　「それでは，終わりましょう」	
結果発表 10 分	4　結果発表 　グループでまとまって移動する。 　「他のグループがどのようになかま分けをしたか，見に行きましょう」 　「理由を考えてから，〈なかまカード〉をめくってみましょう」	
ふりかえり・まとめ 10 分	5　ふりかえり 　〈ふりかえりシート〉を配り，記入してもらう。＊3 グループ内で発表してもらう。 6　まとめ＊4 　この財の［ねらい］に気づいた子どもたちのつぶやきを取りあげるなどしてまとめる。 ・子どもたちが気づかなかったところを指導者が紹介してもよい。	・〈ふりかえりシート〉 各自 1 枚 ・筆記用具　　　　　　　　　各自

活動のポイント

*1
- 事前準備として，教室にあるものや自分の持っている文房具などから，1 人 2 個を持ちよるように指示する。「できれば他の人と同じものにならない」，「意外だ」，「おもしろいと思う」などの声かけをすると，多様なものが集まる。
- 自然の中での活動としても実施できる。指導者が，拾ってくる範囲や持ってきてよいものの条件を伝える。（例：花をむしったり枝を折ったりしないなど）

*2
- クイズ形式で発表しているときに，一人に時間をかけすぎている場合は，時間配分に気をつけるように声をかける。
- 話し合いが終わったグループには，その分け方の条件で間違いがないか確かめるように伝える。
  また，時間が十分残っている場合は，意外な分け方が他にないか考えるように促す。

*3
- 指導者が〈ふりかえりシート〉の項目を読み上げながら進める。
- 1 の項目は，順番に点数のみを言ってもらう。
  満点が何点かの指示はないので，自分で考えた満点で設定してよい。
- 2 の項目は，指導者が質問を読み終えた後に，名前を書いた人に向けて手をさしのべるように伝える（人差し指を指すと不快に思う場合があるので避ける）。
- 3 の項目は，順番に読むように伝える。

*4
- ふりかえりをしているグループの間を回り，ねらいに関する内容を把握しておく。
- 子どもの発表に出なかった考えを「〜の場面で〜のような考えをもった人もいました」というように紹介する。

持ちよった物（例）
（左上から）電卓，ペン，ハンドタオル，ノート，折りたたみ傘，定規，はさみ，付せんの 8 品

分け方例（1）
〈水にぬれたら使えない〉
電卓，付せん，ノート
〈水にぬれても使える〉
折りたたみ傘，定規，ペン，ハンドタオル

分け方例（2）
〈使うとなくなる〉
付せん，ペン，ノート
〈使ってもなくらならい〉
ハンドタオル，定規，はさみ，電卓，折りたたみ傘

課 題 シ ー ト

持ちよったものを，２つのなかまに分けてみよう

２つのなかまに分けるときの理由を考えるヒント

・だれもがなっとくする理由を考える。
たとえば「私の好きなもの」と「そうでないもの」という分け方ではわからない

・いろいろな見方をする。
形，色，何でできているか，使い方，置いてあったりしまってあったりする場所など

活動の仕方

1. グループみんなで持ちよったものを見て，3分間で，自分一人でなかま分けの仕方を考える。
（さわってもかまわない）

2. 一人ずつ順番に，なかま分けの仕方をクイズ形式で発表する。
①だまってものを動かし，２つのなかまに分ける。
②なかま分けの理由をグループの人にたずねる。分からないときにはヒントを出してもよい。
③答えと自分のなかま分けの仕方の理由を話す。
④同じように次の人が発表する。

3. グループで話し合い，グループとしてのなかま分けの仕方を考える。
グループで発表されたものから選ぶ他に，新しいなかま分けの仕方も考え，その中から一つに決める。

4. それぞれのなかまに名前を付け，〈なかまカード〉に書き，なかま分けしたもののそばにうら返して置く。

ふ り か え り シ ー ト

年　　月　　日　グループ名：　　　　　　　　　　名前：

今のグループの活動を思い出し，一人で考えて書きましょう。

1. どのくらい楽しかったですか。　＿＿＿＿＿点

2. 次のしつ問に当てはまる人は，だれですか。グループの人の名前を書きましょう。
   自分だと思うときは，自分の名前を書きましょう。

	しつ問	名前
1	おもしろいもの（意外なもの）を持ってきた人は，だれですか？	
2	自分が考えつかなかった分け方を考えた人は，だれですか？	
3	なかま分けの考えをたくさん出した人は，だれですか？	
4	みんなの意見をまとめようとしたのは，だれですか？	
5	心があたたかくなったり，元気になったりする声かけをしたのは，だれですか。	

3. 「なかま分けをしよう」をして，思ったことや感じたこと，気づいたことなどを書きましょう。

5. エコプロダクション設立！！ [小学校中学年〜，１グループ４〜６人]

▼ねらい

・互いに影響し合いながら，発想を広げていく体験をする。

・活動の中で，互いの意見を認め合う言葉や態度に気づく。

· ·

時間配分　計45分

1. 準備・説明　　　　　　3分
2. 実施　　　　　　　　 15分
3. 結果発表　　　　　　　5分
4. ふりかえり　　　　　 20分
5. まとめ　　　　　　　　2分

準備するもの

1. 発想のもとになるもの

　　　　　　　　　　１グループ１つ

　（同じものをグループ数そろえてもよい

　　し，全グループ違うものでもよい）

2. 四ッ切り画用紙　１グループ１枚＋α
3. サインペン　　　　　１グループ１本
4. ふりかえりシート　　　　各自１枚

すすめ方

1. 準備・説明

①グループ（４〜６人）ごとに，机を囲んで座る。

　発想のもとになるもの（四ッ切り画用紙，サインペンなど）を各グループに配る。

②課題と手順を伝える。

　「ここは，エコプロダクションです。困ったときに新しいものを買うのではなく，今あるもので何とかしようと考えるグループです。机の真ん中にあるものを使って，<u>生活に役立つ様々な使い方を，グループで協力して，たくさん出してください</u>。使い方は，そのまま使ってもいいし，いくつ使ってもいいし，いろいろな大きさのものを使っても，作り直してもいいです」

　「出された使い方（意見，アイデア）は，番号をつけて，画用紙にどんどん書いていきます。画用紙が足りないときは，新しいものを渡します」

　「使い方を出す時間は15分です」

　※質問があれば受ける。

③課題達成の過程での，約束を伝える。

　「グループで協力して，たくさんの意見を出すための約束があります」

　「①質より量が大事（数が多いことが一番），②どんな意見もよい！（実現可能でなくてもよい，奇想天外な案から素晴らしいアイデアが生まれる），③人まねもよい（人の意見から新たな発想をして，別の意見を生み出す），④批判しない（批判が出ると意見が出にくくなる）

※質問があれば受けるが，明快な解答を返すのではなく，何がどのように疑問かを明らかに
　し，一緒に考えていこうとする風土づくりをする。

2．実施

開始を告げ，時間を計る。

活動の様子を見ながら，互いの意見を認め合う場面をメモする。

3．結果発表

グループごとに，出された使い方の数と代表する 3 つの使い方を紹介する。

※画用紙を掲示して，みんなで見てまわると時間短縮になる。

4．ふりかえり

①〈ふりかえりシート〉を配り，各自記入してもらう。

②各グループで，書いたことを項目ごとに発表し合う。

5．まとめ

グループでのふりかえりを通して，改めて気づいたこと，思ったことなどを，全体に発表す
る。あるいは「グループでアイデアをどんどん出すときの協力とは何か？」など，ねらいに
沿った問いかけをし，意見を発表してもらう。

留意点

• 発想のもとになるもの

　牛乳パック　　　ペットボトル　　　ズボン　　　Ｔシャツ　　　ポリエチレンの買い物袋
　ゴミ袋　　　　　新聞紙など

奇想天外なものより，身近なものを選ぶことをお勧めする。教師自身が，10 種類以上の使い
方を思いつくことが目安になると考える。

• 「ブレインストーミング」という「協力」

　「ブレインストーミング」とは，単なる思いつきでも，みんなで自由に発言していくうちに，
　その中から思いもよらなかった素晴らしいアイデアが生まれてくるという発想方法である。既
　存の概念を打ち破り，自分の意識下に眠っている発想を引き出すことができる。

• 小学校では，クラス単位で取り組む行事（林間学校など宿泊行事でのクラススタンツ，運動会
　の応援合戦，学習発表会の出し物など），中学校ではそれに加え，学年や学校で取り組む行事
　（体育祭，文化祭など）の最初のアイデア出しに発展できると考える。

〔エコプロダクション設立！！〕

ふりかえりシート

年　　　月　　　日　グループ名：　　　　　　　　　　名前：

今のグループの様子を思い出してみましょう。

1.　グループの話し合い活動で，あなたはどんな気持ちになりましたか？
　　そんな気持ちになったのは，なぜですか？（どんなことがあったときで
　　したか？）

2.　どのようなことを大切にすると，よりたくさんの考えを出し合うこと
　　ができると思いますか？

3.　その他，気づいたこと，思ったこと，考えたことなどを書きましょう。

小学校高学年以上の
学校 GWT

1. いるいる動物園

［小学校高学年〜，１グループ４〜６人］

▼ねらい

・楽しくグループ活動をするには，どんな工夫をすればよいかに気づく。

活動の流れ　　　　　　　　　　　　　　　　　　　　　　　　**時間 45 分**

分	進め方	準備するもの
準備・説明5分	1　場の設定 　　４〜６人のグループで机を囲んで座るよう指示する。 2　課題の説明＊1 　　〈指示書〉〈蛍光ペン〉を配り，指示書に沿って説明する。＊2 　　〈いるいるシート〉を配る。 　　〈ヒントシート〉を廊下などに掲示する。＊3 　　＊質問があれば答える。 　　質問に答えて，終了時刻を確認し，始める合図をする。	・指示書　　　　　　　グループ１枚 ・蛍光ペン　　　　　　グループ１本 　（黄緑・水・桃色がよい） ・いるいるシート　　　グループ１枚 　（B4 程度に拡大） ・ヒントシート　　全体に１〜２枚 　（B4 程度に拡大）
実施20分	3　実施 　　ルールを守っていないときは，声をかける。 　　掲示を見に行く人の安全に配慮する。 　　早く終わったグループがあれば，答えを確認し，正解なら〈ふりかえりシート〉を渡す。 　　終了時刻になったら活動を止め，答えを知らせる。	・正解は「トナカイ」 ・ふりかえりシート　　各自１枚 ・筆記用具　各自用意
ふりかえり・まとめ20分	4　ふりかえり 　　〈ふりかえりシート〉を配り，記入してもらう。（5分） 　　書いたことを順に発表してもらう。気づいたことを話し合う。（10分） 5　まとめ　（5分） 　　各グループの気づきを全体でまとめ，特に［ねらい］に関わることをおさえる。	

活動のポイント

＊1　このパズルは，シークワーズと呼ばれている。縦・横・斜めと一直線に言葉が隠れている。これを，どんどん見つけて，蛍光ペンなどで印をつけていく。重複する文字もあるので，文字が見えなくならないようにする。最後に残った文字を並べると，答えがわかる。

＊2　例の扱い方　ここには，鳥の名前が隠れている。見つけたもの（スズメ・カラス・モズ・キジ）に印をつけていくと，最後に「ス」が残る。

＊3　ヒントシートについて　ヒントシートの扱い方で難易度を変えることができる。
①最初から各グループに配布する（低難度・小学校低学年向き）
②廊下などに掲示し，グループで3回だけ見に行けるようにする（これを基本に考えている）
③終了5分前に各グループに配付する
④ヒントシートなし（高難易度）

実施上の注意

・〈ヒントシート〉の掲示は，会場内の移動黒板の裏や廊下にするとよい。

　3グループに1枚の目安で，掲示する。

・〈ヒントシート〉を見に行く時間は，各グループで計ってもらう。

・〈蛍光ペン〉の色は，黄緑・水・桃色がよい。黄色は薄いので避ける。

［いるいる動物園］

指　示　書

①これから配る「いるいるシート」には，たくさんの ＿＿＿＿＿＿ がかくれ
ています。
グループで楽しく協力して，たくさん探してください。

②「ことば」は，たて・横・ななめと，一直線にかくれています。中には，さ
かさまになっているものもあります。見つけたら，けい光ペンで印をつけま
しょう。右の問題で練習してみましょう。残った文字はなんですか。

| カジキ |
| ラモス |
| スズメ |

③同じことばが2つあるかもしれません。

④ペンは，1本だけです。他の筆記用具は，しまいましょう。

⑤1人が1つずつ，自分で見つけたものに，印をつけていきます。
他の人は，ヒントを出してもよいですが，ことばや，書いてある場所を教え
てはいけません。ペンを持っている人が，自分で見つけたものに印をつけ，
書き終わったら左どなりの人に，ペンをわたしましょう。

⑥だれかが見つけられなくなったら，終わりです。

⑦グループで作戦を立てましょう。どんな作戦がよいでしょうか？　ヒントの
出し方も重要です。

⑧最後に残った文字を組み合わせてことばができたら，「いるいるシート」に書
き，みんなで「ばんざい！」をしましょう。

・・・・・・・・・・・・・・・・・・・・・・・・・・・・・・・・・・・・・・・

・だれか1人が1分間「ヒントシート」を見に行けます（3回まで）。いつ「ヒ
ントシート」を見に行くかは，グループで話し合いましょう。

1回目	2回目	3回目

見に行ったら，上の回数のらんに○印をつけてください。

［いるいる動物園］

いるいるシート

ウ	ン	タ	ー	ウ	ン	ラ	オ	キ	ナ
テ	シ	バ	マ	イ	サ	オ	リ	マ	マ
ヤ	ビ	ロ	グ	ウ	カ	ン	ケ	ウ	ハ
ウ	ク	ジ	ク	ミ	マ	モ	マ	ク	リ
ョ	ハ	マ	ヨ	イ	ノ	シ	シ	ス	ネ
ヒ	カ	ル	キ	オ	イ	ラ	ハ	カ	ズ
ア	ラ	ア	ツ	ス	ザ	イ	ノ	モ	ミ
リ	バ	ト	ホ	ア	カ	オ	モ	シ	バ
ク	セ	ゾ	ー	ル	ガ	ン	カ	カ	ナ
イ	ソ	ウ	ワ	カ	ガ	ト	ク	ン	ミ

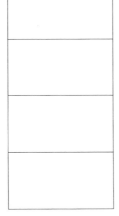

残った文字をならべかえると，「動物の名前」になります。
答えがわかっても，他のグループに聞こえないように気をつけましょうね。

ヒ ン ト シ ー ト

「いるいる動物園」には，これだけかくれています。（声に出さないようにね）

・アザラシ	・カンガルー	・ハリネズミ
・アリクイ	・キリン	・ヒョウ
・アルマジロ	・クマ（2とう）	・ホッキョクグマ
・イノシシ	・サイ	・ミンク
・ウシ	・シカ（2とう）	・モモンガ
・ウマ（4とう）	・シマウマ	・ライオン
・オオカミ	・スカンク	・リス
・オットセイ	・ゾウ	・ロバ
・オランウータン	・テン	・ヤク
・カモシカ（2とう）	・トラ	
・カモノハシ	・ナマケモノ	
・カバ	・ハクビシン	
・カワウソ	・バク	

ふりかえりシート

年　　月　　日　グループ名：　　　　　　　　　名前：

今のグループの活動を思い出して，一人で考えて書きましょう。

1. あなたは，楽しかったですか？　（○印をつけましょう）

   とても　　　　　楽しかった　　それほど　　　　ぜんぜん
   楽しかった　　　　　　　　　　楽しくなかった　楽しくなかった

2. それは，なぜだと思いますか？　（楽しかったわけ,楽しくなかったわけ）

3. 今度するときには自分がどうすれば，もっと楽しくなると思いますか？

4. そのほか，あなたの気づいたことを書きましょう。

2. いるあるシリーズ

「いるいる動物園」と同じ要領で,「いるあるシリーズ」の GWT を実施することができます。下の表に「いるあるシリーズ」の掲載ページと正解,そして難易度を記しました。実施してみましょう。

いるあるシリーズ	正　解	難易度
いるいる動物園　　　（p.80）	トナカイ	小学校高学年から
あるある小学校　　　（p.87）	うわばき	小学校低学年から
あるあるデザート　　（p.90）	ミツマメ	小学校中学年から
あるあるキッチン　　（p.93）	しょうゆ	小学校中学年から
あるある童謡・唱歌　（p.96）	あかとんぼ	小学校高学年から

［あるある小学校］

指　示　書

①これからくばる「あるあるシート」には，たくさんの「小学校にあるもの」がかくれています。グループで楽しくきょう力して，たくさんさがしてください。

②「小学校にあるもの」は，たて・よこ・ななめと，一直せんにかくれています。中には，さかさまになっているものもあります。見つけたら，けい光ペンでしるしをつけましょう。
右のもんだいでれんしゅうしてみましょう。のこった文字はなんですか。

③同じ「小学校にあるもの」が1つとは，かぎりません。ぜんぶ見つけてください。

| カジキ |
| ラモス |
| スズメ |

④ペンは，1本だけです。ほかのひっきようぐは，しまいましょう。

⑤1人が1つずつ，自分で見つけたものに，しるしをつけていきます。
ほかの人は，ヒントを出してもよいですが，そのものの名前や，書いてあるばしょを教えてはいけません。ペンをもっている人が，自分で見つけたものにしるしをつけ，書きおわったら左どなりの人に，ペンをわたしましょう。

⑥だれかが見つけられなくなったら，終わりです。そうならないように，グループでたすけ合いましょう。

⑦グループで作せんを立てましょう。どんな作せんがよいでしょうか？　ヒントの出し方も大切です。

⑧さいごに残った文字を組み合わせてことばができたら，「あるあるシート」に書き，みんなで「ばんざい！」をしましょう。

・だれか1人が1分間「ヒントシート」を見に行けます（3回まで）。いつ「ヒントシート」を見に行くかは，グループで話し合いましょう。

1回目	2回目	3回目

見に行ったら，上の回数のらんに○じるしをつけてください。

[あるある小学校]

あ る あ る シ ー ト

は	く	い	す	い	そ	う	ほ	う	き
さ	が	っ	き	ゅ	う	ぶ	ん	こ	ょ
み	さ	ん	か	く	じ	ょ	う	ぎ	う
は	ち	り	と	り	ど	か	ま	ど	た
け	い	こ	う	と	う	ほ	ん	す	く
つ	き	ぜ	え	の	ぐ	ぞ	ば	わ	く
と	け	い	ん	た	い	そ	う	ぎ	り
ご	み	ば	こ	だ	れ	わ	び	き	の
つ	く	え	み	う	い	れ	か	び	ん
こ	ろ	っ	か	ー	て	ん	ふ	っ	く

のこった文字をならべると，「小学校にあるもの」の名前ができます。
こたえがわかっても，ほかのグループにきこえないようにしましょうね。

ヒ ン ト シ ー ト

「あるある小学校」には，これだけかくれています。（声に出さないようにね）

・いす	・じかんわり	・はくい
・えのぐ	・すいそう	・ばけつ
・かーてん	・ぞうきん	・はさみ
・がっきゅうぶんこ	・そうじどうぐいれ	・ふっく
・かびん	・たいそうぎ	・ほうき
・かみ	・ちりとり	・ほん（2つ）
・きょうたく	・つくえ	・ますく
・けいこうとう	・てれび	・まど
・こくばん	・とけい	・ろっかー
・ごみばこ	・のり	
・さんかくじょうぎ	・はいぜんだい	

［あるあるデザート］

指　示　書

①これから配る「あるあるシート」には，たくさんの「デザート・おやつ・おかし・飲み物・食後に食べたいもの」がかくれています。グループで楽しく協力して，たくさん探してください。

②「デザート・おやつ…」は，たて・横・ななめに，一直線にかくれています。中には，さかさまになっているものもあります。見つけたら，蛍光ペンで印をつけましょう。
右の問題でれんしゅうしてみましょう。残った文字はなんですか。

カジキ
ラモス
スズメ

③同じ「デザート・おやつ…」が1つとは，かぎりません。全部見つけてください。

④ペンは，1本だけです。他の筆記用具は，しまいましょう。

⑤1人が1つずつ，自分で見つけたものに，印をつけていきましょう。
他の人は，ヒントを出してもよいですが，そのものの名前や，書いてある場所を教えてはいけません。無理やり書かせるのもやめましょう。ペンを持っている人が，自分で見つけたものに印をつけ，書き終わったら左どなりの人に，ペンを渡しましょう。

⑥だれかが見つけられなくなったら，「終わり」になります。そうならないように，グループで助け合いましょう。

⑦グループで作戦を立てましょう。どんな作戦がよいでしょうか？　ヒントの出し方も重要です。

⑧最後に残った文字を組み合わせて言葉ができたら，「あるあるシート」に書き，みんなで「ばんざい！」をしましょう。

・・

・だれか1人が1分間「ヒントシート」を見に行けます（3回まで）。グループで話し合いましょう。

1回目	2回目	3回目

見に行ったら，上の回数のらんに○印をつけてください。

[あるあるデザート]

あ る あ る シ ー ト

ズ	ミ	ツ	ポ	ゴ	ン	ダ	プ	チ	モ
ー	バ	ナ	ナ	テ	ラ	ム	ネ	リ	マ
チ	ョ	コ	レ	ー	ト	コ	ロ	テ	ン
ダ	モ	ツ	コ	ー	ド	チ	テ	ホ	ジ
ア	イ	ス	ク	リ	ー	ム	ッ	ン	ュ
メ	キ	フ	マ	ゼ	ガ	ト	カ	プ	ウ
ス	ヤ	ミ	ク	ツ	ケ	ウ	ド	ド	カ
ー	ト	ル	グ	ー	ヨ	セ	ン	ベ	イ
ュ	メ	ク	キ	ル	メ	ラ	ャ	キ	ス
ジ	モ	ナ	カ	フ	キ	ャ	ン	デ	ィ

残った文字を並べ替えると，「デザート・おやつ…」の名前になります。
答えがわかっても，他のグループに聞こえないように気をつけましょう。

ヒ ン ト シ ー ト

「あるあるデザート」には，これだけかくれています。（声に出さないようにね）

・アイスクリーム	・ダイフク	・ポテトチップ
・アメ	・ダンゴ	・マンジュウ
・ウドン	・チーズ	・ミルク
・ガム	・チョコレート	・モチ
・キャラメル	・テッカドン	・モナカ
・キャンディ	・トコロテン	・ヤキイモ
・グミ	・ドーナツ	・ヨーグルト
・コーラ	・バナナ	・ヨウカン
・ジュース	・フルーツゼリー	・ラムネ
・スイカ	・プリン	・センベイ
・ホットケーキ		

［あるあるキッチン］

指　示　書

①これから配る「あるあるシート」には，たくさんの「キッチン・台所にある
　もの」がかくれています。グループで楽しく協力して，たくさん探してくだ
　さい。

②「キッチン・台所にあるもの」は，たて・横・ななめに，一直線にかくれて
　います。中には，さかさまになっているものもあります。見つけたら，蛍光
　ペンで印をつけましょう。
　右の問題でれんしゅうしてみましょう。のこった文字はなんですか。

> | カジキ |
> | ラモス |
> | スズメ |

③同じ「キッチン・台所にあるもの」が1つとは，かぎりません。
　全部見つけてください。

④ペンは，1本だけです。他の筆記用具は，しまいましょう。

⑤1人が1つずつ，自分で見つけたものに，印をつけていきましょう。
　他の人は，ヒントを出してもよいですが，そのものの名前や，書いてある場
　所を教えてはいけません。無理やり書かせるのもやめましょう。ペンを持っ
　ている人が，自分で見つけたものに印をつけ，書き終わったら左どなりの人
　に，ペンを渡しましょう。

⑥だれかが見つけられなくなったら，「終わり」になります。そうならないよ
　うに，グループで助け合いましょう。

⑦グループで作戦を立てましょう。どんな作戦がよいでしょうか？　ヒントの
　出し方も重要です。

⑧最後に残った文字を組み合わせて言葉ができたら，「あるあるシート」に書
　き，みんなで「ばんざい！」をしましょう。

・・

・「ヒントカード」を使うと，だれか1人が1分間「ヒントシート」を見に行けま
　す（3回まで）。「ヒントカード」を使うかどうか，いつ使うか，グループで話
　し合いましょう。

ヒントカード①	ヒントカード②	ヒントカード③
グループで1人，「ヒントシート」を1分間，見に行くことができます。	グループで1人，「ヒントシート」を1分間，見に行くことができます。	グループで1人，「ヒントシート」を1分間，見に行くことができます。

ヒントカードを使ったら，上の「ヒントカード①～③」に○印をつけてください。

[あるあるキッチン]

あ る あ る シ ー ト

ず	そ	ー	す	ぷ	ー	ん	う	あ	う
ー	み	せ	け	り	ゆ	ぱ	わ	ら	と
ね	で	い	ち	ん	こ	だ	ふ	ゃ	さ
よ	ん	ひ	ゃ	せ	て	ぎ	い	ど	ち
ま	し	ょ	っ	き	と	だ	な	ん	か
お	れ	う	ぷ	ん	ょ	べ	り	ぶ	っ
み	ん	ざ	ょ	か	ぱ	み	ご	り	ぷ
ず	じ	ら	し	ち	れ	い	ぞ	う	こ
さ	は	ん	か	や	う	し	ら	ん	お
し	ぶ	お	つ	か	も	ほ	ぱ	ふ	り

残った文字を並べ替えると,「キッチン・台所にあるもの」の名前になります。
答えがわかっても,他のグループに聞こえないように気をつけましょう。

ヒ ン ト シ ー ト

「あるあるキッチン」には，これだけかくれています。（声に出さないようにね）

・あわだてき	・すりこぎ	・ぷりん
・かつおぶし	・せいひょうざら	・ほうちょう
・かっぷ	・そーす	・まよねーず
・かんきせん	・ちゃわん	・みず
・けちゃっぷ	・でんしれんじ	・みずさし
・こおり	・どなべ	・みそ
・ごみ	・どんぶり	・みりん
・さとう	・ないふ	・もやし
・さら	・はし	・やかん
・しお	・ぱん	・れいぞうこ
・しょっきとだな	・ぱんこ	
・すぷーん	・ふらいぱん	

［あるある童謡・唱歌］
指 示 書

① これから配る「あるあるシート」には，たくさんの「童謡・唱歌の曲名」がかくれています。グループで楽しく協力して，たくさん探してください。

② 「童謡・唱歌の曲名」は，たて・横・ななめに，一直線にかくれています。中には，さかさまになっているものもあります。見つけたら，蛍光ペンで印をつけましょう。
右の問題でれんしゅうしてみましょう。残った文字はなんですか。

| カジキ |
| ラモス |
| スズメ |

③ 同じ「童謡・唱歌の曲名」が1つとは，かぎりません。全部見つけてください。

④ ペンは，1本だけです。他の筆記用具は，しまいましょう。

⑤ 1人が1つずつ，自分で見つけたものに，印をつけていきましょう。
他の人は，ヒントを出してもよいですが，そのものの名前や，書いてある場所を教えてはいけません。無理やり書かせるのもやめましょう。ペンを持っている人が，自分で見つけたものに印をつけ，書き終わったら左どなりの人に，ペンを渡しましょう。

⑥ だれかが見つけられなくなったら，「終わり」になります。そうならないように，グループで助け合いましょう。

⑦ グループで作戦を立てましょう。どんな作戦がよいでしょうか？　ヒントの出し方も重要です。

⑧ 最後に残った文字を組み合わせて言葉ができたら，「あるあるシート」に書き，みんなで「ばんざい！」をしましょう。

・・・

・「ヒントカード」を使うと，だれか1人が1分間「ヒントシート」を見に行けます（3回まで）。「ヒントカード」を使うかどうか，いつ使うか，グループで話し合いましょう。

ヒントカード①	ヒントカード②	ヒントカード③
グループで1人，「ヒントシート」を1分間，見に行くことができます。	グループで1人，「ヒントシート」を1分間，見に行くことができます。	グループで1人，「ヒントシート」を1分間，見に行くことができます。

ヒントカードを使ったら，上の「ヒントカード①～③」に○印をつけてください。

［あるある童謡・唱歌］

あ　る　あ　る　シ　ー　ト

ち	か	め	だ	か	の	が	っ	こ	う
せ	い	く	ら	べ	じ	じ	と	み	ょ
あ	ぎ	さ	う	え	み	つ	ゃ	ち	し
ゆ	く	で	い	も	お	の	つ	な	っ
ら	き	し	ゃ	あ	か	い	く	お	が
り	ど	み	は	ば	き	ま	お	き	の
ぞ	い	こ	よ	る	は	み	ん	り	る
う	れ	し	い	ひ	な	ま	つ	け	え
さ	ぼ	つ	が	う	ょ	し	お	ど	か
ん	ろ	こ	ろ	こ	り	ぐ	ん	た	

残った文字を並べ替えると，「童謡・唱歌の題名」になります。
答えがわかっても，他のグループに聞こえないように気をつけましょう。

ヒ ン ト シ ー ト

あるある童謡・唱歌には、これだけかくれています。（声に出さないようにね）

- あかいくつ
  （あかいくつ　はいてた〜）

- いえじ
  （とおきやまに　ひはおちて〜）

- うさぎ
  （うさぎうさぎ　なにみて〜）

- うみ
  （うみはひろいな　おおきいな〜）

- うれしいひなまつり
  （あかりをつけましょ〜）

- おおまきばはみどり
  （おおまきばは〜）

- おしょうがつ
  （もういくつねると〜）

- かえるのがっしょう
  （かえるのうたが〜）

- きしゃ
  （きしゃきしゃ　しゅっぽ〜）

- さくら
  （さくら　さくら〜）

- せいくらべ
  （はしらのきずは〜）

- ぞうさん
  （ぞうさん　ぞうさん〜）

- ちいさいあきみつけた
  （だれかさんが〜）

- ちゃつみ
  （なつもちかづく〜）

- つき
  （でたでた　つきが〜）

- どんぐりころころ
  （どんぐりころころ〜）

- なつのおもいで
  （なつがくればおもいだす〜）

- はな
  （はるのうららの〜）

- はるよこい
  （はるよこい　はやくこい〜）

- めだかのがっこう
  （めだかのがっこうは〜）

- もみじ
  （あきのゆうひに〜）

- ゆき
  （ゆきやこんこ〜）

3. 校長先生，たいへんです！　〜落とし物報告書〜

[小学校高学年〜，1 グループ 4 〜 5 人]

▼ねらい

・それぞれの枠組みで得てきた情報をいかに共有するか，その過程（プロセス）を体験する
中で，情報を共有する難しさ，大切さに気づく。

・課題を達成するための役割分担や，仕事の手順が決まっていくプロセスをふりかえること
から，協力するとはどういうことかを学ぶ。

時間配分

	計 45 分
1. 準備・説明	3 分
2. 実施	20 分
3. 結果発表	7 分
4. ふりかえり	13 分
5. まとめ	2 分

準備するもの

1. 落とし物にする品物　約 7 〜 10 点
（模造紙の上に並べておく）
次のようなものを用意するとよい。
　A. 会員証など，文字や数字のたくさ
ん書いてあるもの
　B. ぬいぐるみ，人形など
　C. 外国の紙幣や硬貨，大型の記念切
手など
　D. 名称がわからないもの
　E. カラフルな雑誌やパンフレットなど
　F. 本のしおり，入場券など

2. 画用紙（四つ切り大）　各グループ 1 枚
3. マーカー（3 色以上）各グループ 1 セット
4. メモ用紙　　　　　　　各グループ数枚
5. 下敷き用新聞紙　　　必要に応じて適量
6. ふりかえりシート　　　　　各自 1 枚

すすめ方

1. 準備・説明

①事前に，廊下または教室内など各グループから見えないところに，落とし物を展示しておく。
　※子どもたちが手を触れないような工夫をしておく（表示をつける，三角コーンなどを使い
　ロープを張っておくなど）。

②4 〜 5 人を 1 グループとし，机を囲んで座る。各グループに，画用紙，マーカー，メモ用紙，下
　敷き用新聞紙を配る。

③課題を説明する。

「大変です！　落とし物が届けられました。みなさんの課題は，時間内に，どんな物が届け
られたか詳しい情報を集めて，校長先生に報告するための『落とし物報告書』を作成するこ

とです。校長先生は，その報告書を全校にお知らせします」

④ルールを説明する。

「『落とし物報告書』は，1グループ1枚（四つ切り大の画用紙）作成します」

「落とし物は，廊下の台の上に展示してあります。グループに持って来ることはできないので，それぞれが見に行ってください。台の上にある物に触ることはできません。動かしたり，ひっくり返したり，触ったりしないでください」

「見に行くときの約束が3つあります」

「［約束1］何度見に行ってもかまいません」

「［約束2］1回に見に行く人は，グループで一人です」

「［約束3］見に行くときは，何も持って行きません」

「時間は20分間です」

※ここで，実施中の安全面に関する諸注意（出口と入口，走らないことなど）があれば，補足する。

※質問があれば受ける。

2．実施

「では，始めましょう」

※ルールが守られているか留意する。守られていない場合は声をかける。

※個人の様子やメンバーどうしの関わる様子，グループの動きなどを観察しておく。

3．結果発表

①終了の合図をし，各グループの報告書をはり出す。

②各グループが簡単に報告する。

③展示してあった落とし物を確認する。

4．ふりかえり

①〈ふりかえりシート〉を配り，記入してもらう。

②記入した〈ふりかえりシート〉を元に，グループ内でわかちあう。

③①②を元に，気づいたこと，感じたことなどを全体の場でわかちあう。

5．まとめ

情報を共有する難しさや大切さ，役割分担や仕事の手順が決まっていくプロセスについて，子どもの気づきをまとめたり，子どもが気づかなかったところを知らせたりして，終了する。

留意点

・「どのようなことが情報として書いてあると，校長先生に正確な情報が伝わるかな」など，「情報を正しく集める」とは具体的にどういうことかを問いかけ，子どもたちが考えられるようにする。必要に応じて最小限の補足説明をしてもよい。

〔落とし物報告書〕

ふ り か え り シ ー ト

年　　月　　日　グループ名：　　　　　　　　　　名前：

今のグループでの活動を思い出してみましょう。

1.　あなたは，情報を伝えましたか。

　　　　　十分に伝えた　　4・・3・・2・・1　　伝えた

2.　友だちの情報を，きけましたか。

　　　　　十分にきけた　　4・・3・・2・・1　　　きけた

3.　グループは，みんなの情報を生かすことができましたか。

　　　　　十分にできた　　4・・3・・2・・1　　　できた

4.　今の活動を通して，協力するときに大切だと思うことはどのようなことですか。

5.　そのほかに，思ったこと，気づいたこと，感じたことがあったら，書きましょう。

4. 人間 3D プリンター　　　　[小学校高学年〜，1 グループ 4 〜 5 人]

▼ねらい

- ・助け合い，教え合いながら，グループ全員が課題達成できる喜びを経験する。
- ・「わからない」，「教えてほしい」と意思表示することが課題達成につながることに気づく。

時間配分		計 45 分
1. 準備・説明		5 分
2. 実施		25 分
3. 結果確認		1 分
4. ふりかえり		10 分
5. まとめ		4 分

準備するもの	
1. 折り紙の作品見本 ※写真参照	1 セット
2. 折り紙	1 人 3 枚
3. ふりかえりシート	各自 1 枚

すすめ方

1. 準備・説明

あらかじめ〈折り紙の作品見本〉を，子どもたちが座っているところから見えない場所（廊下など）に展示する。最後の見本となる完成品は，それらとは別の場所に置く（留意点参照）。

①子どもたちを 4 〜 5 人のグループに分け，机を囲んで座るように指示する。

②折り紙を 3 枚ずつ配り，次のように説明する。

「今日は，折り紙の作品を作ります」

「廊下に，作品の作り方を順番に表した見本が置いてあります。それを見て来て，一人ひとりが同じものを作りましょう」

③「見に行くときの約束が 4 つあります」

「1. 何度見に行ってもかまいませんが，触ることはできません」

「2. 1 回に見に行く人はグループで 1 人です」

「3. 見に行くときは何も持って行ってはいけません」

「4. グループの中で，どんどん教えましょう。どんどん聞きましょう。でも，他の人の折り紙には触れません」

④「最後の見本は，ここにあります。廊下の見本が全部できたら，見に来てください」

⑤「時間は，25 分間です」

※質問があったら受ける。

2. 実施

①「それでは始めましょう」

②終了5分前になったら知らせる。

3．結果確認

終了の合図をし，できたかどうか確認する。

4．ふりかえり

①〈ふりかえりシート〉を配り記入してもらう。

②グループ内で，発表してもらう。

「それぞれのグループで，誰がどんなことをしたことが課題解決のために役に立ったか，発表し合いましょう」

5．まとめ

わからないこと・できないことを表明することが，課題達成につながっていることを，子どもの気づきの中からまとめる。

留意点

- 最後の見本となる完成品は教室内に置く。ついたてなどを使って，直接見えないように工夫する。
- 折り紙の作品は，子どもの実態に合わせて変えてもよい。初めの段階で何ができあがるか分からないものがよい。
- 折り紙の枚数は，作品によって変わる。

作品見本

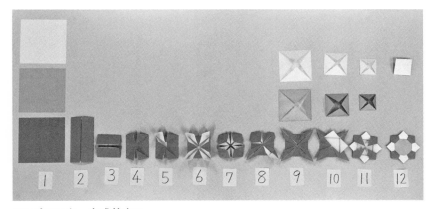

3D プリンター完成前まで

3D プリンター
完成図

［人間３Ｄプリンター］

ふりかえりシート

年　　月　　日　グループ名：　　　　　　　名前：

今のグループの活動を思い出して，一人で考えて書きましょう。

1. 活動を終えて，まん足度はどのくらいですか。

   10点満点で ［　　　　　］点

2. 次のしつ問にあてはまる人はだれですか。思いあたる人の名前を全部書きましょう。
   自分があてはまるときは，自分の名前を書きます。
   あてはまる人がいない場合は，書かなくてもかまいません。

番号	しつ問	名前
1	よく見本を見に行った人は，だれですか。	
2	よく作り方を教えた人は，だれですか。	
3	よく作り方を聞いた人は，だれですか。 「どうするの」「わからない」「ちょっと待って」など	
4	活動の進め方や作せんなどで， 　　　　　考えを出した人はだれですか。	
5	こまっている人に気がついて， 　　　　　声をかけたのはだれですか。	
6	心が温かくなったり，元気になったりする 　　　　　声かけをしたのは，だれですか。	

3. 「人間３Ｄプリンター」をして，思ったことや感じたこと，気がついたことなどを書きましょう。

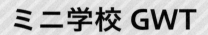

ミニ学校 GWT

ミニ学校 GWT とは

　1授業単位時間を使って行う学校 GWT だけではなく，日常生活の中で行っていることを学校 GWT の考えを生かして取り組んでいくとよいと考えています。その中で，短時間で行うことができるレクリエーション実習なども「楽しかった」だけで終わらずに，ふりかえりをすることによって学校 GWT での学びを得ることができるのではないかと考えました。

● こんな場面で「ミニ学校 GWT」の活用を
　・席替えをして新しい班で活動を始める前に
　・学年はじめや学期はじめに
　・ショートホームルームの時間に

● ミニ学校 GWT でもふりかえりの時間の確保を
　学校 GWT で大切にしているのは，ふりかえりを言語化するということです。「書く」という作業を通して，自分の行動をふりかえり客観的に見直すということができます。ミニ学校 GWT では時間短縮のため口頭でふりかえりをしていますが，一人ひとりが自分の心の中でふりかえりができるようになっていることが望ましいです。そのためにも，1授業単位時間を使って行う学校 GWT や教科学習の中で，子どもがしっかりふりかえりをする経験を深めておくことが大切だと考えます。ミニ学校 GWT でも，余裕があれば〈ふりかえりシート〉を活用することをおすすめします。

● 今までの楽しい活動に，ちょっと一工夫
　今回紹介している「ミニ学校 GWT」は，レクリエーションの場面等ですでに活用されているものもあります。今まで実践されているレクリエーション財なども，今回紹介した学校 GWT のねらいを付け加え，ふりかえりをすることにより，「ミニ学校 GWT」にすることができます。

　　付け加えることが有効な学校 GWT のねらい例

　・自分のことを伝えたり，相手のことを受け取ったりする。
　・相手のことを考えて行動しようとする。
　・友だちから見た自分を知り，自分のよさ（自分らしさ）を確かめる。

1. 輪になろう！

▼ねらい

・みんなで活動する楽しさを味わう。

・自分のことを伝えたり，相手のことを受け取ったりする。

‥‥‥‥‥‥‥‥‥‥‥‥‥‥‥‥‥‥‥‥‥‥‥‥‥‥‥‥‥‥‥‥‥‥‥‥‥‥

時間配分	計 10 分	準備するもの

1. 準備・説明	3 分
2. 実施	3 分
3. 結果の確認	1 分
4. ふりかえり・まとめ	3 分

1. ふりかえりシート　　　各自 1 枚

※時間の余裕があれば使用する。

すすめ方

1. 準備・説明

①全員が円になれるスペースに集まる（教室の場合は座ったまま説明を聞き，その後教室の壁に沿って並ぶようにするとよい）。

②次のように説明をする。

「今から全員で協力して，一つの大きな輪になって並びます。順番は，誕生日が 1 月 1 日の人から 12 月 31 日の人まで月日の順になるように並びます」

※質問があれば受ける。

2. 実施

①1 月 1 日生まれの人の位置を示し，どのような輪になるか（右回り）のイメージと終了時刻を伝える。

②「それでは，始めましょう」

3. 結果の確認

・最初の人から順に月日を発表するように言う。間違っていてもその場で直せばよいことを伝える。

4. ふりかえり・まとめ

次のような質問をし，自分の気づきを言える子どもを指名する。

「自分のことを伝えるときに，どのようなことに気をつけましたか」

「相手のことを受け取るときに，どのようなことに気をつけましたか」

子どものふりかえりをもとに〔ねらい〕に即してまとめる。

例：皆さんで協力して，3分以内に並ぶことができました。ふりかえりでは「〜」「〜」と
　　いうことに気づいていました。日常の生活でも，今の気づきを生かしましょう。

留意点

- 学年はじめなど，子どもたちが知り合うきっかけづくりの場面でも活用できる。
- 時間を確保できるならば〈ふりかえりシート〉に記入し，それをもとにふりかえりをするとよい。
- 実施時間や子どもの状態をもとに展開を変更することができる。例えば，誕生日順を言葉を使わずにジェスチャー等で行うと難易度が上がる。
- 言葉を使うことができない場合は，口の形（口パク）で伝えるのもなしにする。その場合にジェスチャーでもよいか，指で数字を書いて示すのはよいかなどの質問が出るだろうが，子どもの状態や様子から指導者が決めてよい。
- 誕生日の他にも，名前（名字ではなく）の五十音順や身長順などで行うことができる。

ふ り か え り シ ー ト

年　　月　　日　名前：

- -

今のグループの活動を思い出して，一人で考えて書きましょう。

1．自分のことを伝えたり相手のことを受け取ったりするときに，どんなことに
　気をつけましたか。

2．「輪になろう！」をして，他に気づいたことや，これからの生活で生かし
　ていこうと思うことなどを書きましょう。

2. ペンをまわそう！

[小学校高学年〜，1グループ5〜6人]

▼ねらい

・みんなで活動する楽しさを味わう。
・相手のことを考え，行動しようとする。

・・

時間配分	計10分
1. 準備・説明	3分
2. 実施	3分
3. 結果の確認	1分
4. ふりかえり・まとめ	3分

準備するもの	
1. ペン	1グループ1本
2. ふりかえりシート	各自1枚

※時間の余裕があれば使用する。

すすめ方

1. 準備・説明

①グループ（5〜6人）に分かれ，一列に並ぶように指示する（教室では座席の縦の列をそのまま利用してもよい）。

②各グループに1本ずつペンを用意し，次のように説明をする。

「今から全員で協力をして，先頭の人から最後の人までペンを渡していきます。使ってよいのは人差し指1本です」

③渡し方の例示をする。

※初めの2人（AとB）が人差し指でペンを挟んで持ち，Aがペンを支えている部分をCへ受け渡す。するとBとCでペンを挟んで持つ状態になる。次は，BからDへと順に受け渡す。

　　A — B
　　　B — C
　　　　C — D
　　　　　D — E

※質問があれば受ける。

2. 実施

①指導者がスタートの合図後，秒読みをすることを伝え，何秒で最後の人まで渡ったかを聞いておくように指示する。

②スタートの合図をし，秒読みをする。

③1回目実施後，1分間作戦タイムを取る。グループごとに順番を替えたりなどの早く渡すための工

夫をするように指示する。

④2回目のスタートの合図をし，秒読みをする。

3．結果の確認

・1回目と2回目の記録を比べ，変化を確かめる。

4．ふりかえり・まとめ

次のような質問をし，自分の気づきを言える子どもを指名する。

「ペンを渡すときに，どのようなことに気をつけましたか」

子どものふりかえりをもとに〔ねらい〕に即してまとめる。

　　例：記録を更新したグループがいくつもありました。ふりかえりでは「～」「～」という
　　　　ことに気づいていました。日常の生活でも，今の気づきを生かしましょう。

留意点

• ペンを支えている部分を交代するので，太めのペンの方が望ましい。
• 一度に2回実施する例を挙げたが，何日か続けて記録を伸ばすように協力していくという設定
　もできる。

[ペンをまわそう！]

ふ り か え り シ ー ト

年　　月　　日　　名前：

今のグループの活動を思い出して，一人で考えて書きましょう。

1. ペンを渡すときに，どのようなことに気をつけましたか。

2. ペンを受けとるときに，どのようなことに気をつけましたか。

3. 「ペンをまわそう！」をして，他に気づいたことや，これからの生活で生かしていこうと思うことなどを書きましょう。

3. 人間知恵の輪

[小学校高学年〜, 1 グループ 5 〜 6 人]

▼ねらい

・みんなで活動する楽しさを味わう。

・どのような声かけをすることにより, グループ活動がスムーズに進むかを考える。

- -

時間配分	計 10 分
1. 準備・説明	2 分
2. 実施	4 分
3. 結果の確認	1 分
4. ふりかえり・まとめ	3 分

準備するもの

1. ふりかえりシート　　　各自 1 枚

※時間の余裕があれば使用する。

※教室であれば机を少し寄せるなど, 動ける場所を確保する。

すすめ方

1. 準備・説明

①グループ（5 〜 6 人）に分かれ, 教室の四隅などに集まり, リーダーを 1 人決めるように指示する。

②次のように説明をする。

「リーダー以外の人で手をつなぎ, 輪をつくります。リーダーの指示で手を離さないようにしながら, またいだりくぐったりして輪を複雑に絡ませ知恵の輪をつくります。その後, リーダーは別のグループへ行きその知恵の輪を解きます」

③あるグループに協力してもらい, つくり方の例示をする。

※質問があれば受ける。

2. 実施

①1 分間で知恵の輪づくりをすることを伝え, スタートの合図をする。

②作成終了の合図をする。各リーダーに, 時計回りで隣りのグループに移動し, そのグループの知恵の輪を解くように指示する。

③2 分間で知恵の輪を解くことを伝え, 手をつないでいる人たちには, 解いているリーダーの指示に従い協力するように伝える。

3. 結果の確認

・もとの輪に戻すことができたかどうかを確かめる（できなくてもマイナスの評価にならないように声かけをする）。

4．ふりかえり・まとめ

次のような質問をし，自分の気づきを言える子どもを指名する。

「どんなところが楽しいと感じましたか」

「リーダー役の人がどのような声かけをすると，活動がスムーズに進むと感じましたか」

子どものふりかえりをもとに〔ねらい〕に即してまとめる。

　例：活動を楽しめましたね。ふりかえりでは「〜」「〜」ということに気づいていまし
　　　た。日常の生活でも，今の気づきを生かしましょう。

留意点

• 輪になる人数を多くすると，より複雑になっていくので時間がかかる。実施する時間に合わせて，人数を工夫するとよい。

ふ り か え り シ ー ト

年　　　月　　　日　名前：

今のグループの活動を思い出して，一人で考えて書きましょう。

1. どんなところが楽しいと感じましたか。

2. 知恵の輪をつくったり解いたりするときに，リーダー役の人がどのような
   声かけをすると，活動がスムーズに進むと感じましたか。

3.「人間知恵の輪」をして，他に気づいたことや，これからの生活で生かして
   いこうと思うことなどを書きましょう。

あとがき

　学校グループワーク・トレーニング（GWT）は，その名の通り，トレーニングです。子どもたちにもはっきり言います。トレーニングの先に「日常」という本番があります。トレーニングがうまくなることが目的ではありません。毎日の生活でいかに人との関わりをつくれるかに生かされてこそ，学校 GWT の価値があるのです。

　そして，もう一つ。学校 GWT は万能ではありません。たくさんあるソーシャルスキルトレーニングの一つです。

　本書は 10 年ぶりの新刊です。10 年の間に子どもたちを取り巻く環境は様々変化しました。そして今後もさらに変化し続けることでしょう。AI が発達し，人の在り様も変化しています。しかし，どんな時代であっても，自分とは違う誰かがいてこそ自分が生かされるのではないかと思います。自分と違う誰かがいる，違うからこそ，自分にしかできない，自分でしかありえないことを実感できるのです。

　そのように実感することを子どもたちが体験できるよう，ぜひ，この本を活用してくださることを願っています。

　日本学校グループワーク・トレーニング研究会は，講習会や講師派遣も実施しておりますので，お問い合わせください。

編著者紹介

日本学校グループワーク・トレーニング研究会

日本学校グループワーク・トレーニング（GWT）研究会は，1987年に設立された。
設立当初は，様々な分野で利用されてきたGWTの有効性を認めて，成人を対象とした実習プログラムの開発を行った。
現在では，子どもを対象としたGWTを学校教育の中に取り入れ，個人の成長（成熟）・集団の成長（成熟）・より豊かな人間関係づくりの一助となることを目的とし，発達段階に応じた学校GWT財の研究・開発を行っている。
毎月1回の定例会では，財体験・実践報告・財づくり講習会準備・読書会などを実施している。
また，講習会，財づくり合宿の他に，特別活動・教育相談・人権教育・ジュニアリーダー・シニアリーダー・学校レクリエーションなど，様々な分野への講師派遣も行っている。

研究会メンバー（2019年度）

樫村　康久　横浜市立港南台第一小学校
上石　厚志　日本GWT研究所
神田　敏之　横浜市立朝比奈小学校
木村　綾子　横浜市立並木第四小学校
國武　　恵　（社）日本体験学習研究所
佐藤久美子　明星大学国際コミュニケーション学科
佐藤　安世　横浜市立大綱小学校
山口　智子　大和市立北大和小学校
湯浅　治美　横浜市立中村小学校

日本学校グループワーク・トレーニング（GWT）研究会ホームページ
https://japanschoolgwt.jimdofree.com/

子どもたちの人間関係づくりに役立つ
力を合わせる学校グループワーク・トレーニング

2020年3月26日　初版第1刷発行
2021年11月12日　初版第2刷発行　　　　　　　　　　　　　　　　検印省略

編 著 者　　　日本学校グループワーク・トレーニング研究会
発 行 者　　　金子紀子
発 行 所　　　株式会社 金子書房
　　　　　　　〒112-0012　東京都文京区大塚3-3-7
　　　　　　　TEL03-3941-0111（代表）　FAX03-3941-0163
　　　　　　　振替　00180-9-103376
　　　　　　　URL　https://www.kanekoshobo.co.jp

印刷／藤原印刷株式会社
製本／一色製本株式会社